AF599254

LA
TABLA
OUIJA

La tabla Ouija

Una puerta a lo oculto

EDMOND C. GRUSS

CENTROS DE LITERATURA CRISTIANA

CENTROS DE LITERATURA CRISTIANA
en otros países de habla hispana

Colombia: ***Centros de Literatura Cristiana***
ventasint@clccolombia.com;
editorial@clccolombia.com
Bogotá, D.C.
Chile: ***Cruzada de Literatura Cristiana***
ocomclc@cruzada.tie.cl
Santiago de Chile
Ecuador: ***Centro de Literatura Cristiana***
clcec@andinanet.net
Quito
España: ***Centro de Literatura Cristiana***
pedidos@clclibros.org
Madrid
Panamá: ***Centro de Literatura Cristiana***
clcmchen@cwpanama.net
Panamá
Uruguay: ***Centro de Literatura Cristiana***
libros@clcuruguay.com
Montevideo
U.S.A.: ***C.L.C. Ministries International***
orders@clcpublications.com
Fort Washington, PA
Venezuela: ***Centro de Literatura Cristiana***
clc-distribucion@cantv.net
Valencia

EDITORIAL CLC COLOMBIA
Diagonal 61D Bis No. 24-50
Bogota, D.C., Colombia
www.clccolombia.com

ISBN: 978-958-8217-48-2

La Tabla Ouija, por Edmond C. Gruss

A menos que se indique lo contrario, las citas bíblicas son tomadas de la Santa Biblia, Versión Reina Valera, 1960 © por las Sociedades Bíblicas Unidas.

Edición y Diseño Técnico: Editorial CLC Colombia

Impreso en Colombia
Printed in Colombia

Somos miembros de la Red Letra Viva: www.letraviva.com

Contenido

Contenido

Prefacio

¿Por qué otro libro sobre un tema relacionado con lo oculto, y en particular acerca de la tabla Ouija? Después de 30 años de enseñar historia sobre cultos religiosos y lo oculto, he visto nuevos retos para el cristianismo, y vez tras vez surge la perspectiva bíblica exigiendo una atención renovada. Estas irrupciones no se alejan con el simple hecho de ignorarlas. Mis primeros estudios en cuanto a la tabla Ouija (*What About the Ouija Board*? (¿Qué acerca de la tabla Ouija?) [1973], *The Ouija Board: Doorway to the Ocult* (La Tabla Ouija: Puerta a lo Oculto) [1975], y *The Ouija Board* (La Tabla Ouija) [1986] ya no se publican. Sin embargo, siguen apareciendo nuevos libros, artículos, películas y otras fuentes, en los medios de comunicación, que inducen a la experimentación psíquica y oculta. Como todavía las nuevas generaciones de adultos y jóvenes siguen comprando y usando tablas Ouija, necesitamos advertencias, explicaciones e interpretaciones claras, desde una perspectiva cristiana.

Mi interés en el tema viene de años atrás. Dicto una clase sobre religiones de América, que incluye una sección sobre espiritismo, y con frecuencia los estudiantes quieren discutir sobre la tabla Ouija. Ellos muchas veces han compartido sus propias experiencias, o las de conocidos. Periódicamente, padres, pastores o líderes de jóvenes, me contactan para pedir información en cuanto a la tabla Ouija porque sus propios hijos, los jóvenes de la iglesia, o hasta los adultos, han experimentado con ella. En mi deseo de responder a estas solicitudes, he encontrado poco material escrito desde un punto de vista cristiano, o incluso secular. Con frecuencia las fuentes seculares animan a las personas a experimentar el desarrollo psíquico a través de la tabla Ouija. En 1992 solicité información acerca de ésta a más de 100 ministerios, personas, u organizaciones que se especializan en lo oculto, y no descubrí nuevas publicaciones que trataran específicamente el tema de la tabla Ouija.

Hace muchos años, cuando mi hijo cursaba el primer año de bachillerato, presentó una charla sobre lo oculto. Su profesor se sorprendió de que yo no lo dejara jugar con la tabla Ouija. “Después de todo”, le dijo: “Es sólo un juego”. Esta actitud prevalece hasta entre los padres cristianos y los líderes de la Iglesia, y algunos de ellos la han usado, o la han obsequiado. A través de mi investigación he conocido algunos de los adversos efectos experimentados por los usuarios de la tabla. Estos van desde manifestaciones dramáticas, tales como obsesión o posesión demoníaca, hasta perversiones radicales de sus creencias. En 1 Timoteo 4:1, se nos recuerda: *Pero el Espíritu dice claramente que en los postreros tiempos algunos apostatarán de la fe, escuchando a espíritus engañadores y a doctrinas de demonios...* Mucha gente que ha sido engañada por la tabla Ouija, está segura de que fue “iluminada”.

Mi estudio me ha convencido de que la tabla Ouija es uno de los instrumentos *ocultos* más populares, pero menos entendidos en nuestra cultura. Aunque algunos libros sobre lo oculto posiblemente mencionen la tabla Ouija en sus cubiertas, en vano el lector busca en ellos cualquier trato significativo sobre el tema.

Mis propósitos al escribir este libro son: Proporcionar información objetiva acerca de la tabla Ouija, advertir de sus peligros, demostrar su importancia como herramienta oculta, y proporcionar una perspectiva e interpretación histórica y bíblica.

Por la naturaleza del tema, tuve que usar fuentes que no concuerdan con mi perspectiva cristiana; pues algunas son espiritistas, otras rechazan tanto el espiritismo como lo sobrenatural, y algunas son partidarias de la experimentación con lo psíquico y lo oculto. La información objetiva que estas fuentes proporcionan puede ser de valor; por ejemplo, su observación y discusión de casos específicos. Pero su interpretación de estos fenómenos puede estar en completo desacuerdo con mi propia interpretación, la cual está basada en una perspectiva cristiana. El lector debe entender que si cito, o uso tal material, no quiere decir que estoy aprobando una perspectiva secular. Puesto que este estudio es necesariamente limitado, animo al lector a consultar el material que aparece en las notas, y aquellas publicaciones que se sugieren para una lectura complementaria.

Este libro es el resultado de numerosos años de contacto con estudiantes universitarios, amigos cristianos, y muchos que han compartido sus experiencias de diferentes formas. Tengo especial gratitud para mi amigo y colega John Hotchkiss, quien trabajó conmigo en una versión anterior de este libro, y revisó el presente estudio, como también para Claire Hughes quien me animó e hizo tanto para fortalecer este esfuerzo con sus sugerencias y su habilidad en la edición. De igual manera, para mi esposa, porque desde hace 40 años ha mecanografiado cada manuscrito de los artículos y libros que he escrito.

Finalmente, me gustaría agradecerle al personal de Presbyterian and Reformed Publishing Company (Compañía de Publicaciones Presbiteriana y Reformada), por su interés y ánimo, y por su colaboración para que este libro pudiera ser elaborado.

Introducción

En 1985 descubrí un anuncio publicado en el periódico local acerca del "Proyecto Ouija", del cual se harían dos demostraciones en el Teatro Modular del Instituto Local de Artes ("In the Neighborhood (En la vecindad)"; *Daily News* [Woodland Hill, CA], 22 de enero de 1985). En el número telefónico que aparecía me dieron muy poca información, pero el estudiante que elaboró el "Proyecto" prometió dejármela en el teatro. Cuando recogí sus respuestas a mis preguntas, noté una serie de afiches que mostraban los conocidos nombres del producto Parker Brothers. "Ouija" y "Oráculo Misterioso", marcas registradas de Parker Brothers, del General Mills Fun Group. Con frecuencia *la expresión Tabla Ouija* se usa en un sentido genérico para referirse a los instrumentos caseros que son usados como el de Parker Brothers. La nota del estudiante explicaba: "El proyecto Ouija es un montaje teatral. La tabla mide 9,76 por 7,32 metros, y el marcador, 2,44 por 1,98. Se anima a la audiencia a ingresar al espacio del montaje y usar la tabla". (Recordemos que la tabla comercial es de sólo 45 por 30 centímetros). "Debido a que el Proyecto Ouija" me intrigó, decidí ir a verlo.

Como llegué temprano al teatro, escuché la conversación de la audiencia, unas 200 personas, en su mayoría estudiantes, que esperaban la apertura del teatro. Algunos estaban explicando las diferentes teorías acerca de lo que hacía funcionar instrumentos como la tabla Ouija. Otros discutían sus propias experiencias con ésta, o de las que habían oído hablar. Cuando entrábamos, pude ver abajo en la plataforma, la gigantesca tabla y el indicador del mensaje, reproducidos con minucioso detalle y rodeados por soportes para crear la atmósfera de un lugar en donde se adivina la suerte. Después de explicar brevemente las reglas, los miembros de la audiencia fueron invitados a bajar del área elevada de observación, en grupos de 10 a 15 para operar la tabla. Luego de colocar las puntas de sus dedos en el indicador elevado de la Ouija, los participantes y miembros de la audiencia comenzaron a dirigir preguntas a la tabla. Al comienzo el indicador permaneció quieto, pero luego comenzó a moverse lentamente hasta que con gran velocidad y facilidad se deslizó sobre sus ruedas por encima de la tabla. A veces las respuestas eran deletreadas tan rápidamente que los participantes tenían dificultad para seguirlas.

Las primeras preguntas fueron triviales o generales: "¿Iré a Europa?" "¿Iré a Dallas?" "¿Habrá un terremoto este año?" Luego pasaron a temas más serios tales como: "¿Hay espíritus presentes?" "¿Son femeninos, o masculinos?" "¿El espíritu está feliz?" En determinado momento, un participante le preguntó a la audiencia: "¿Tienen algún pariente fallecido con el que quisieran hablar?" Otras preguntas tuvieron que ver con el futuro y la vida en otros planetas. Otras hasta planteaban temas religiosos tales como: "¿Existe Dios?" "¿Existe el demonio?" Y hasta: "¿Es Reagan el anticristo?" Aunque las respuestas que la tabla daba no eran siempre significativas, el movimiento del indicador sí lo fue ya que convenció a los participantes de que ellos no lo estaban moviendo. Hasta se arrodillaron para mirar si debajo del indicador había un motor, u otro medio de locomoción.

Más tarde entrevisté al estudiante universitario que dirigía el "Proyecto Ouija", y me enteré de que varias personas le habían preguntado cómo hacía mover la tabla. Cuando por primera vez concibió el proyecto, el creyó que sería necesario poner entre los participantes ciertas personas para asegurarse de que el indicador se moviera. Pero en la demostración real, afirmó que éste se movía sin tal ayuda. De hecho, él estaba tan sorprendido con su velocidad y facilidad de movimiento, como lo estaba la audiencia. El estudiante también explicó que un amigo que había trabajado con él en un anterior proyecto Ouija, no había querido participar en éste, y varios otros amigos que habían estado involucrados en su uso, experimentaron posteriores problemas. Un grupo que participó en una sesión de espiritismo con la tabla Ouija, en un recinto universitario, reportó algún "contacto serio", y estuvo muy afectado con la experiencia. Después de mayor investigación, el estudiante admitió que tenía muy poca información objetiva en cuanto a la tabla, su operación y su historia.

Mi encuentro con el "Proyecto Ouija" demuestra que la fascinación con la tabla todavía es muy vigente, aunque la información y comprensión acerca de ella sean limitadas. Si la enorme tabla Ouija funcionaba o no, no es el asunto. Lo significativo es el interés público en un instrumento tal, su creencia de que podría responder preguntas (cualquiera que sea la fuente), y su convicción de que el indicador en realidad se movía sin el esfuerzo consciente de los participantes. Millones de personas siguen usando la tabla Ouija convencional, y muchos otros la usarán en el futuro. Sus usuarios creen firmemente que se comunican con personas fallecidas, y con espíritus. Aunque los mensajes sean deletreados como resultado del movimiento muscular subconsciente (como muchos creen), la tabla difícilmente es un juego, o un pasatiempo inofensivo.

Este estudio hará una referencia breve a una serie de preguntas comunes en cuanto a la tabla Ouija, tales como:

- ¿Quién la inventó, y dónde se originó tal instrumento?
- ¿Cómo funciona, y si "habla", de dónde provienen los mensajes?
- ¿Por qué muchos creen que se puede usar la tabla Ouija para hacer contactos con el reino sobrenatural?
- Si ella sólo refleja los pensamientos subconscientes de quienes la usan, ¿por qué podría ser peligrosa?
- ¿Por qué muchos expertos advierten contra la experimentación con la tabla Ouija?

- Como a menudo se vende en tiendas de juguetes, ¿por qué no se les debe permitir a los niños jugar con ella?
- ¿Hay algo de cierto en las historias en cuanto a su influencia en casos de enfermedad mental, posesión, suicidio y asesinato?
- ¿Existe conexión entre la tabla Ouija y el involucramiento de jóvenes en lo oculto, o el satanismo?
- ¿Tuvo que ver la tabla Ouija en el inicio del movimiento moderno de canalización?
- ¿En realidad su uso puede inducir a sucesos tales como los que se describen en *El Exorcista*?
- ¿Existe alguna conexión entre la tabla Ouija y lo que la Biblia dice en cuanto a los demonios, su actividad, y la posesión?
- ¿Cuál es la perspectiva bíblica en los mensajes de la tabla Ouija?
- ¿Qué debe hacer una persona que actualmente la esté usando?

1

La Tabla Ouija: Una Puerta a lo Oculto

Los siguientes relatos verídicos son significativos, pero de ninguna manera únicos, y solamente sirven como introducción a un tema serio; la tabla Ouija como una puerta a lo oculto. El uso de este denominado juego está cargado de peligro real.

Robbie, de 13 años, vivía en un suburbio de Maryland con sus padres y abuela. El siguiente relato de su vida fue tomado de *Possessed: The True Story of an Exorcism* (Poseído: La Historia Verídica de un Exorcismo) escrito por Thomas B. Allen[1]. Su vida era tan normal como la de cualquier niño de su edad, con la excepción de que él prefería los juegos de mesa, antes que el deporte. Como hijo único, con frecuencia Robbie dependía de otros adultos para divertirse, especialmente de su tía Harriet, quien era la hermana de su padre y una visitante frecuente de la casa. Ella "respondió al interés de Robbie por los juegos de mesa, presentándole uno nuevo: La tabla Ouija". Después de darle la tabla y explicarle su uso, "Robbie quedó fascinado. Disfrutaba el movimiento deslizante de la tabla cuando rozaba, oscilando de una letra a la siguiente, deletreando las respuestas a las preguntas que él o la tía Harriet hacían". Ella era una espiritista convencida de que los espíritus de los muertos se podían contactar a través de la tabla Ouija. Como Robbie estaba acostumbrado a los entretenimientos solitarios, a veces jugaba con la tabla solo. Su madre no era espiritista, pero compartía algunas creencias de su cuñada. La tía explicaba que los espíritus también podían comunicarse dando golpecitos en las mesas y paredes, y mediante otros métodos físicos.

El 15 de enero de 1949 comenzaron a suceder acontecimientos extraños en la casa de Robbie. El chico y su abuela se encontraban solos cuando de repente escucharon el sonido de un goteo. Revisaron los grifos, pero no pudieron ubicar la fuente del ruido. Luego sucedió algo aún más extraño: "Vieron que un cuadro de Cristo comenzaba a moverse, como si alguien estuviera golpeando la pared detrás de él". Cuando los padres de Robbie regresaron a la casa, el sonido de goteo había cesado, pero fue reemplazado por un sonido de "rasguños, como si unas garras estuvieran arañando madera". Este fenómeno siguió sucediendo varias noches.

La tía Harriet murió el 26 de enero de 1949. Robbie, desolado por su fallecimiento, se volvió a la tabla Ouija para buscar consuelo usándola, a veces, durante horas. Probablemente trataba de usarla para ponerse en contacto con ella. Comenzaron a presentarse nuevas manifestaciones: El sonido de zapatos que rechinaban, seguido por el de unos pies que marchaban, y el de un golpe como respuesta a la solicitud de verificación de la presencia de la tía Harriet. Finalmente la familia escuchó un sonido de rasguños que venía de *dentro* del colchón del niño, el cual continuó "noche tras noche durante más de tres semanas". El colchón se sacudía violentamente, y las cobijas quedaban planas y tirantes como si hubieran sido almidonadas. En la escuela el pupitre de Robbie se desplazaba como una tabla, y en casa, varias cosas y muebles se movían, levitaban o volaban.

Allen indagó por el caso real descrito en la película: *El Exorcista*. El "investigó cada hecho y le siguió la pista a cada testigo que vivía, de los exorcismos practicados al chico de Mount Rainier", representado en la película[2]. Allen provee nueva información en cuanto a la relación entre la tabla Ouija, el espiritismo y los sucesos aterradores que el chico y su familia experimentaron. Este caso, y el libro de Allen, fueron representados dos veces en una "edición interna"[3].

Durante su primer año en la universidad, la señorita C, y otras tres niñas, aburridas de jugar bridge, comenzaron a jugar con la Ouija. Rápidamente su juego se convirtió en una obsesión, al empezar a recibir respuestas sorprendentes, las cuales claramente superaban sus conocimientos. Por ejemplo, una de las preguntas que le hicieron a la tabla fue: "¿A qué monto ascendió el producto nacional interno bruto de Brasil en 1966?" Una de las niñas escribió la respuesta (que fue dada en millones de dólares), la cual verificaron luego en la biblioteca de la universidad. Para su asombro, la cifra del libro coincidía exactamente con la que habían escrito. Asombradas por su éxito, comenzaron a hacerle preguntas parecidas, y pronto estuvieron operando la tabla todas las noches. Este tipo de obsesión creciente es muy típico en los usuarios de la tabla Ouija.

Varios meses más tarde, las chicas decidieron preguntar el nombre del espíritu con quien se ponían en contacto, y la tabla deletreó el nombre "George". Luego le preguntaron a George de dónde venía, y fue deletreada la palabra *infierno.* Su curiosidad las llevó a preguntar por la fecha en la que cada una de ellas moriría. Todas las fechas variaban entre 40 y 60 años, excepto la de una de ellas que era pronosticada para ese año. Eso las asustó tanto, que dejaron de jugar con la tabla. El día exacto, predicho por la tabla, la chica en cuestión murió cuando su carro se precipitó contra la baranda en una autopista de la costa en California. La policía no encontró explicación para el accidente, pues la chica no había tenido un comportamiento depresivo o suicida, y las condiciones climáticas y de tráfico eran normales. Como resultado de la muerte trágica de su amiga, la señorita C, se volvió cristiana.[4]

Peter Anderson, un evangelista de Ministerios Cristianos en Leicester, Inglaterra, habla sobre lo oculto en colegios e iglesias. El relata la siguiente experiencia.[5] Ann, una chica de 15 años, aparentemente normal y equilibrada, que fue encontrada muerta con una bolsa de polietileno en su cabeza, dejó una nota de suicidio en la que afirmaba: "Si es posible que un espíritu regrese, regresaré. Si no hay señales de perturbación fantasmal una semana después de mi muerte, entonces el espíritu del cuerpo humano está más allá de la posibilidad de hacerle volver". En la investigación judicial, el juez de primera instancia en Lancashire, comentó:

> "Supe que hay gran interés por el espiritismo en el colegio de esta niña. Que las chicas han estado involucradas con la tabla Ouija, y que han tratado de ponerse en contacto con los espíritus. Espero que la muerte de Ann sirva como una lección para sus amigas, a fin de que no se involucren en espiritismo; es peligroso".[6]

Anderson también observó que el director de otro colegio de Lancashire le confió "que estaba preocupado por el hecho de que los chicos afectados por lo oculto no eran los emocionalmente inestables o menos inteligentes de la comunidad escolar. En algunos colegios hasta los miembros del personal académico habían incitado sesiones de espiritismo".[7] Uno de los chicos en ese colegio contó el siguiente alarmante episodio de la tabla Ouija:

> "Una tarde cuando estábamos jugando con la tabla... le preguntamos al espíritu que controlaba: '¿Cuándo será el fin del mundo?' La tabla fue levantada por una fuerza invisible, y partida en dos, mientras que un armario que había en el rincón fue volteado". ¡Ninguno durmió esa noche![8]

Anderson registra varios otros casos que aparecieron en la prensa, o que le fueron relatados por quienes estuvieron involucrados.[9]

El 12 de febrero de 1993, el programa de televisión: "Sightings" (Fox T. V.) presentó la tabla Ouija con un breve relato acerca de la experiencia de una usuaria anónima de la tabla. Ella explica su aterrador encuentro:

> "Cuando comencé a usar la tabla Ouija lo hacía para divertirme. Y luego, hace como un año, la saqué, y algo sucedió. Me asusté y la guardé. Me fui a dormir a eso de la 1:00, ó 1:30, sentía como que algo, o alguien, estaba en el cuarto. Traté de levantarme, pero me empujaron. Esa tremenda fuerza en mi pecho me levantaba y me volvía a bajar. Sentía como si me estuvieran atacando. Apreté las sábanas y traté de mantenerme en la cama, pero no pude. Sentía como si me estuvieran violando".[10]

Como se ilustra en los siguientes extractos de una carta a Ed y Lorraine Warren, autores y expertos en demonología, tales asaltos sexuales no son inusuales para quienes usan la tabla Ouija. Después de usarla durante cuatro años, una mujer escribió:

> Mi vida está siendo dominada por este demonio. ¡Dios mío, cómo puedo decírtelo! Todos los días me viola, sodomiza y golpea... Ahora estoy virtualmente postrada en cama y en constante dolor. No ha dejado de torturarme desde el primer día. Violentas golpizas, puñaladas y permanentes violaciones, es todo lo que este demonio me hace... ¡El hace todo lo posible para obligarme a cometer suicidio! Constantemente me molesta y escarnece. ¡El abuso verbal es tan inmundo, asqueroso y sucio que es repugnante. ¡Es increíble! Me siento más que mediomuerta. Por favor, por favor ayúdame.[11]

El doctor Hans Holzer, autor y reconocido parasicólogo, cuenta la historia de una mujer de 49 años, la señora G,[12] quien en la primavera de 1964 era tan solvente económicamente, que tenía tiempo libre para hacer lo que quería. Su amiga vio un aviso en el periódico local que hablaba de una iglesia espiritista, y pensando que sería divertido, la señora G. la acompañó a una reunión la noche siguiente. Su primera experiencia fue bastante satisfactoria, razón por la cual regresaron por segunda vez. Fue entonces cuando escucharon por casualidad a dos miembros de la iglesia, hablando del éxito que uno de ellos había tenido usando la tabla Ouija.

La señora G, había considerado la tabla Ouija solamente como un juguete, pero como tenía poco en qué ocupar su tiempo, la intrigó, y compró una. La primera vez que la usó tuvo éxito instantáneo; parecía que alguna fuerza externa estaba energizando la tabla. De repente, ésta deletreó la siguiente afirmación: "Hola, soy John W." John W. era un antiguo pretendiente de la señora G, a quien ella había desdeñado, y con quien no había tenido contacto desde hacía 30 años. Guardó la tabla, pero la curiosidad la obligó a sacarla otra vez. Esta deletreó un torrente de palabras, expresando el amor de John W. por ella.

La señora G. se obsesionó con la tabla, "por horas, escuchaba al supuesto John W. diciéndole cuánto deseaba estar con ella, ahora que había vuelto a encontrarla". Esta obsesión la llevó a un cambio de personalidad que notó su esposo. Para el invierno de 1964, "además de las frecuentes sesiones con la Ouija, comenzó a oír la voz del hombre *directamente*", quien de repente le decía que estaba con ella y que viniera de dentro o fuera de su cabeza, ella nunca estaba sola. "Botó la maldita tabla que había abierto las compuertas a la invasión desde el más allá, pero no le ayudó mucho". La presencia de John W. se hizo más invasora. Sentía su presencia hasta cuando estaba acostada. Una noche sintió como si su corazón estuviera siendo oprimido; como si se tratase de un ataque cardíaco. Más que nada, ella quería volver a la vida que había tenido antes de usar la tabla Ouija.

Finalmente, le explicó a su esposo toda la magnitud de su sufrimiento. En su búsqueda de alivio se sometió a exámenes físicos y psiquiátricos. Leyó libros en cuanto a posesión, y probó la escritura automática. Hasta fue hipnotizada, pero nada le ayudó. Desesperada pensó en el suicidio. Después de una sesión con un hipnotizador, regresó a casa con la esperanza de que John W. se alejara, "pero la vejación siguió sin disminuir". Con el tiempo experimentó liberación.

El tema de la tabla Ouija es delicado. Las experiencias relatadas en este capítulo abarcan varias décadas e involucran sujetos masculinos y femeninos de variados grupos de edades. Los resultados de estas experiencias incluyen terror, suicidio, muerte accidental inexplicable, presencias extrañas, manifestaciones físicas y ataques sexuales. Pero todas ellas tienen un elemento en común: El involucramiento con la tabla Ouija, un instrumento con viejos antecedentes. En el siguiente capítulo le seguiremos la pista a los ancestros, y la historia moderna de la tabla Ouija.

Notas

1. Thomas B. Allen, *Possessed: The True Story of an Exorcism* (Poseído: La Historia Verídica de un Exorcismo) (New York: Doubleday, 1993), 2-9. Allen es un reconocido autor de 16 libros, y editor colaborador de *la National Geographic*. Malachi Martin, experto en exorcismos, recomienda a Allen por su estudio investigativo.
2. Ibid., solapa.
3. Mayo 10 de 1993 y julio 19 de 1993.
4. La señorita C contó de nuevo estos sucesos en 1968 a amigas de su grupo Campus Crusade en la Universidad de Vanderbilt.
5. Peter Anderson: *Satan's Snare: The Influence of the Occult* (Trampa de Satanás: La Influencia de lo Oculto) (Welwyn, Inglaterra: Evangelical Press, 1988), 23.
6. Ibid.
7. Ibid.
8. Ibid.
9. Ibid., 21-24.
10. Penny Rich, otra usuaria de la Ouija presentada en "Sightings", comentó: "La tabla Ouija no es un juguete, ni un juego, y me gustaría mucho que la sacaran de los almacenes de juguetes".

11. Stoker Hunt, *Ouija: The Most Dangerous Game* (Ouija: El Juego más Peligroso) (New York: Barnes and Noble, 1985), 67-68.

12. El siguiente relato viene del escrito de Hans Holzer: *Ghosts, Hauntings and Possessions* (Fantasmas, Persecuciones y Posesiones) (St. Paul, Minn.: Llewellyn, 1991), 198-206.

2

Historia de la Tabla Ouija

La locura del ocultismo que se extendió por América en los años 60, incrementó vertiginosamente las ventas de la tabla Ouija, que en 1967 se vendió más que el juego del Monopolio®, Evelyn M. Cuoco (administradora de Servicio al cliente de Parker Brothers) observa que durante algunos años las ventas de la tabla Ouija "giraron en torno a los 2 millones", y que sigue siendo "un producto muy sólido de Parker Brothers", (carta al autor, 5 de mayo de 1992). Estas cifras demuestran un fuerte resurgimiento del interés en la Ouija, aunque pocos conocen algo de su ascendencia, o el significado de la palabra *Ouija*. Abunda la desinformación en cuanto a la tabla, como se evidencia en la encuesta hecha por el periodista John Godwin, en 1972, y en otras más recientes.

> Escogí una muestra muy al azar de 30 jugadores de Ouija, y les pregunté si podían decirme dónde se originó el juego, y el significado de su nombre. La mayoría de ellos, como lo muestran los resultados, creía que este era un instrumento del lejano oriente, cuyo origen se perdía en la antigüedad, y que su título significaba algo en chino, hindi, o coreano. Sólo una persona mencionó como posibilidad el hebreo, y otra

dijo, basada en la autoridad de su novia, quien lee las cartas, que Ouija significaba "espíritu" en sánscrito o persa.[1]

Ninguno de los jugadores identificó correctamente el significado de la palabra *Ouija*, o el origen del juego de mesa que fue patentado en Estados Unidos en 1891. El nombre *Ouija* es sencillamente una combinación de la palabra francesa *oui,* y la alemana *ja;* ambas significan "sí". Pero los jugadores no se equivocaron en suponer la antigüedad de su origen, ya que se sabe de instrumentos parecidos que usaban los egipcios y otros pueblos antiguos.[2]

Origen de la Tabla Ouija

Nandor Fodor, investigador psíquico, indica que instrumentos usados igual que la tabla Ouija,

> eran utilizados en los días de Pitágoras, unos 540 a. C. De acuerdo con un relato histórico francés sobre la vida del filósofo, su secta celebraba frecuentes sesiones de espiritismo, o círculos en los que "una tabla mística, que se movía sobre ruedas, se desplazaba hacia símbolos, que el filósofo y su alumno Philolaus, interpretaban a la audiencia como supuestas revelaciones del mundo invisible".[3]

Otro escritor describe un instrumento parecido, como "un indicador que señala varias letras griegas, talladas en losa de piedra. Un equivalente moderno se denomina Tabla Ouija".[4]

El historiador bizantino del siglo IV, Ammianus Marcellinus, registra uno de los primeros relatos detallados de adivinación, el cual usaba un péndulo y un plato grabado con el alfabeto. El cuenta cómo Fidustius, Patricius e Hilarius fueron arrestados por adivinar el nombre del emperador que sucedería a Valens (364-378 d. C.). En su testimonio ante la corte, Hilarius explicó así su procedimiento: Una persona sostenía un anillo suspendido de un hilo sobre el centro de un disco de metal redondo que tenía las letras del alfabeto grabadas en el borde. Cuando estaban operando el instrumento, éste indicó las primeras letras del nombre Theodosius (Tehodorus). A fin de evitar que tal pronóstico se cumpliera, Valens hizo matar a su gran General Theodosius. Pero la predicción se cumplió a pesar de sus esfuerzos, porque después de la muerte de Valens, el Emperador Romano Gratian invitó al hijo de Theodosius (Theodorus)[5] a convertirse en emperador del Oriente.

Un método adivino menos sofisticado, que también fue común en la época romana, usaba un anillo suspendido por un hilo en (o al alcance de) una vasija de vidrio. Para obtener respuestas a las preguntas los participantes recitaban las letras del alfabeto. Cuando se mencionaba una letra correcta, el anillo golpeaba el vidrio. Otro método consistía en hacer preguntas que podían responderse "sí" (un golpe), o "no" (dos golpes).[6]

El uso de instrumentos de adivinación en tiempos antiguos, no estaba limitado a Occidente. Los chinos usaron un modelo de la tabla, antes de su invención en Europa.

En Africa, los azande del Congo usaban un instrumento que denominaban tabla de frotar, que en realidad se trataba de una Ouija primitiva.

Otra forma de adivinación que se hizo popular durante la era victoriana, fue la denominada tabla-inclinada, o de una forma más apropiada, tabla-golpe.

> El caso es que la práctica es tan antigua como el ocultismo. Aun en la antigua Grecia la gente conocía el comportamiento extraño de ciertos taburetes o mesas de tres patas, bajo condiciones que involucraban los poderes extraños del mundo psíquico. Como gran parte de la capacidad extrasensorial del hombre, esto también fue condenado como brujería y magia negra durante y después de la Edad Media.[7]

El procedimiento para la tabla-golpe involucra una atmósfera similar a la sesión espiritista, y un juego de señales prearreglado para "sí", "no", "no sé", e "incierto".

El método de la tabla-golpe usado para comunicación espiritista parecía difícil y requería tiempo; por eso en 1853, un espiritista francés inventó la "planchette". "Aunque no fue producida masivamente con propósitos comerciales en los Estados Unidos, sino hasta la década de 1860, se conseguían planchettes importadas de Francia en tiendas espiritistas a finales de la década de 1850.[8] La planchette es descrita detalladamente en un libro publicado durante ese período.

> La planchette es un tabla pequeña en forma de corazón, con tres patas, una de las cuales es un lápiz que puede sacarse o meterse por un agujero, con el cual se pueden hacer marcas sobre papel. Las otras dos patas tienen rueditas pegadas que pueden desplazarse fácilmente en cualquier dirección. Por lo general el tamaño de dicha tabla es de 18 centímetros de largo por 12 de ancho. En el vértice del corazón está el agujero, revestido con caucho, a través del cual el lápiz es introducido. [Ver figura 1, Pág. 27].[9]

Hoy en día la forma y el tamaño de la planchette varía de acuerdo al fabricante, pero el instrumento básico sigue siendo el mismo.

La planchette de Boston,

tomada del patrón original que se hizo primero en Boston en 1860.

Figura 1

La tabla Ouija nació cuando el lápiz de la planchette fue reemplazado por dos patas adicionales (las Ouijas *modernas* tienen sólo tres patas), y se añadió un tablero con un alfabeto, números y palabras.

Invención de la Tabla Ouija

A William Fuld, de Baltimore, usualmente se le ha acreditado la invención de la tabla Ouija. Pero si una patente establece prioridad, Elijah Bond es el inventor, ya que él la registró primero el 28 de mayo de 1890 (la patente fue otorgada el 10 de febrero de 1891 (Ver fig. 2 Pág. 28). Bond incluso denominó su invento la "Ouija, o tabla egipcia de la suerte". En la primera página de la patente de Elijah Bond (No. 446.054), se asigna la invención a Charles W. Kennard y William H. Maupin.[10] El 30 de diciembre de 1890, la Compañía Kennard Novelty llenó una solicitud para la marca registrada *Ouija*, y fue aceptada el 3 de febrero de 1891 (No. 18.919). A Fuld se le otorgó una patente el 19 de julio de 1892, para una versión mejorada del *indicador* (Ver fig. 3 Pág. 30).[11] De acuerdo con Edgar Goodman:

(No Model.)
E. J. BOND.
TOY OR GAME.
No. 446,054.
Patented Feb. 10, 1891.
Fig. 1.
YES
NO
ABCDEFGHIJKLM
NOPQRSTUVWXYZ
&
1234567890
Good bye.
Fig. 2.
Fig. 3.
ABCDEF
NOPQRS
&
1234567890
Good bye.
Witnesses:
Inventor:
Elijah J. Bond
Attorney

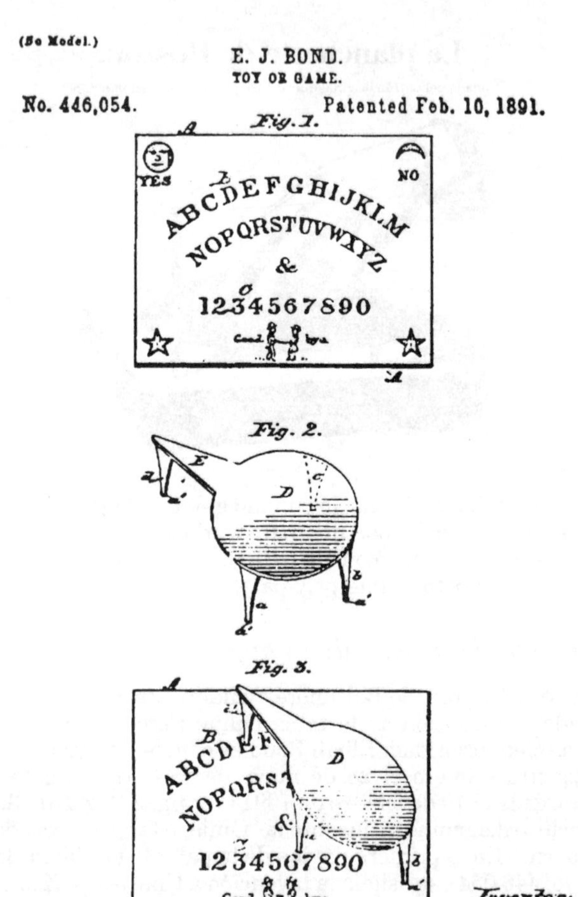

Figura 2

La Compañía Kennard Novelty hizo un gran negocio. Hubo una división en la empresa. Kennard rompió con los socios que tenía, y estableció una compañía de su propiedad. El sacó la tabla Volo, una especie de Ouija. El Coronel Bowie, uno de los socios, registró una adaptación debido a que la compañía original tenía las patentes... [Kennard] fue obligado a salir del negocio de las tablas que hablan.

Tiempo después, William Fuld, administrador de una tienda, se encargó del negocio de la Ouija, pagándole al Coronel Bowie una regalía. Se asoció con su hermano Isaac, pero riñeron. Isaac Fuld estableció la Compañía Southern Novelty y puso en el mercado la tabla Oriole que hablaba. En 1915 William Fuld tenía una patente para dos marcas registradas en Estados Unidos, otra canadiense para tres marcas registradas, y los derechos en Estados Unidos sobre el nombre "Ouija".[12]

En 1920 el Coronel Washington Bowie, antiguo socio en Kennard Novelty Company, testificó que había dos posibles competidores por la invención de la tabla: E. C. Reichie y C. W. Kennard. De acuerdo con Bowie, Reichie era un ebanista que vivía en Chestertown, Maryland, en 1890. Aunque él mismo no era espiritista, conocía la tabla-golpe, y "observó con compasión que una tabla grande pesada era algo difícil de maniobrar para un espíritu frágil, razón por la cual inventó una tabla pequeña; la tabla Ouija". C. W. Kennard se encontró con "una visión que tenía posibilidades comerciales", cuando en la cocina de su casa de Maryland colocó un plato en la tabla para cortar el pan, y vio que se movía, "aparentemente por su propia voluntad". Pronto organizó la Compañía Kennard Novelty que produjo "una pequeña tabla que hablaba, conocida primero como la Tabla Embrujada".[13] Las discrepancias de estos relatos no se pudieron resolver finalmente, pero es claro que el nombre de William Fuld está históricamente ligado a la tabla Ouija y su fabricación.

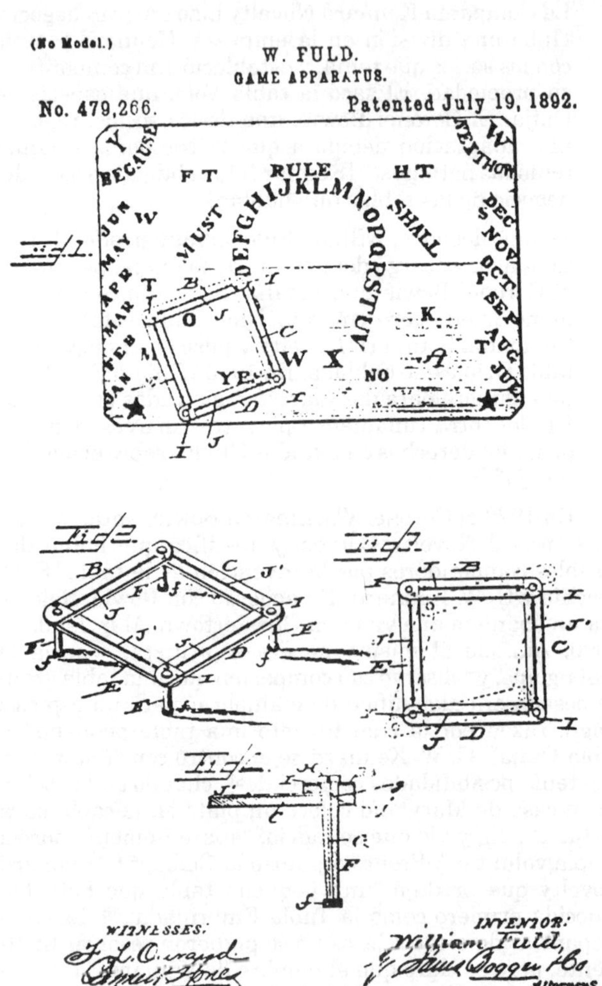

(No Model.)
W. FULD.
GAME APPARATUS.
No. 479,266.
Patented July 19, 1892.
BECAUSE
RULE
MUST
SHALL
YES
NO
WITNESSES:
INVENTOR:
William Fuld,
Attorneys.

Figura 3

Desde jóvenes, William y su hermano Isaac, tenían un interés moderado por lo sobrenatural. Una vez Fuld le dijo al reportero de un periódico, que desde que eran pequeños, él y su hermano "habían estado tratando de reparar una 'tabla espiritual' más que todo para su propia diversión".[14] La tabla Ouija moderna es esencialmente la misma que fue patentada hace más de 100 años, con sólo unas pequeñas variaciones. Es rectangular, de aproximadamente 45 centímetros de largo, por 30 de ancho. Las primeras tablas fueron hechas con tres capas de pino, pero las modernas están elaboradas con fibra. La superficie de la tabla tiene impresos los números de cero a nueve, las letras del alfabeto, las palabras "sí" y "no" en las esquinas opuestas en la parte de arriba, y la palabra "adiós" en la parte de abajo (Ver figura 4). El indicador del mensaje ha tenido varios cambios. Actualmente la pequeña tabla plástica tiene forma de corazón, 15 centímetros de largo, y tres patas. El indicador, que puede deletrear palabras o frases se desliza fácilmente bajo el toque de las puntas de los dedos de su(s) operador(es). El indicador puede deletrear palabras o frases.

Figura 4

Fuld admitió haber consultado la tabla Ouija varias veces, y en una ocasión específicamente para obtener su nombre. Cuando fue cuestionado en cuanto a su raro nombre, Fuld señaló que le había "pedido a la tabla ponerse el nombre, y ella lo había complacido".[15] Por un tiempo, él y su hermano Isaac produjeron las tablas en el taller de su casa, y en 1899 ocuparon el pequeño edificio de una fábrica en Hartford y Lamont en Baltimore.[16] Durante los siguientes 20 años las produjeron en esa fábrica, en cantidades cada vez mayores. La necesidad de más espacio se hizo evidente muy pronto, pero William era conservador en su método, y parecía inseguro en cuanto a la ampliación del negocio. Como explicó más tarde a un periodista, le preguntó a la tabla Ouija, y ella dijo que " 'me preparara para un gran negocio', así que con ese consejo llamé arquitectos y constructores, y planeé la fábrica con una capacidad mucho mayor"[17]. William dejó su trabajo en la aduana, y a un costo de 125.000 dólares, construyó un edificio de tres pisos para la fábrica a dos cuadras de su casa.[18] Públicamente Fuld negó que la tabla tuviera cualquier poder especial, y enfatizó que había sido creada sólo para diversión. Una vez aseguró: "¿Creer en la tabla Ouija? Debería decir que no. No soy espiritista. Soy presbiteriano; siempre lo he sido".[19] Pero lo que sí es muy claro es que Fuld dejó su trabajo de mucho tiempo, invirtió mucho en un edificio nuevo, y disfrutó inmensas ganancias, todo bajo la sugerencia de la tabla Ouija. El negó que continuamente la consultara: "Construí esta fábrica por consejo de la Ouija, pero no la he consultado desde entonces. Las cosas se han dado tan bien que no quise iniciar algo más".[20]

La riqueza que William Fuld alcanzó con la venta de la tabla Ouija no lo eximió de problemas con su propia familia. Su hermano Isaac no sólo quería ser partícipe de la fama, sino también de su invención, incluyendo patentes, y marcas registradas. En 1920 los hermanos se presentaron ante la corte, y el periódico local registró los detalles, así:

Las cortes acaban de resolver la pregunta del momento: "Ouija, Ouija, ¿de quién es la Ouija?" planteada en el caso de Fuld Vs. Fuld, donde el hermano de William, Isaac, es la otra parte de la demanda. Ellos decidieron a favor de William Fuld, haciendo que Isaac pagara todos los costos a la corte, y decretando que William tenía el único derecho de llamar "Ouija" a la "Ouija".[21]

Fue durante este juicio que el Coronel Washington Bowie testificó sobre otros dos posibles inventores: Reichie y Kennard. La corte no consideró su testimonio particularmente valioso, y lo rechazó. El testimonio de Bowie añade aún otra leyenda curiosa al misterio de la tabla Ouija.

En agosto de 1920 la tabla fue una vez más el objeto de un pleito en la corte, esta vez para determinar si era un elemento que debía pagar impuestos. ¿Era un juego, un artículo deportivo, o un instrumento para comunicación espiritista? La Compañía Talking Board Company, Inc., entabló una acción judicial contra Internal Revenue Service por el impuesto que habían decretado sobre el ingreso bruto de la empresa. La IRS claramente consideraba la tabla como un juego y, por lo tanto, sujeto al impuesto de los juegos. Como ellos se negaban a devolver los casi 200 dólares que habían recaudado en impuestos, la compañía los llevó a la corte.

> La firma, representada por el asistente del Fiscal General, Allan Fisher, quien actuaba como apoderado particular, y no como funcionario estatal, y el Coronel Washington Bowie, hizo la aseveración de que la tabla es un medio de comunicación entre este mundo y el otro y, por lo tanto, bajo ninguna circunstancia constituye un juego.[22]

Para la compañía era beneficioso clasificar la tabla como un juguete, porque la eximía del impuesto exclusivo para los juegos. De hecho, una versión más pequeña de ella era usada básicamente como publicidad, y considerada por la compañía como un juguete. Sin embargo, las tablas comunes no eran vendidas a los niños para su entretenimiento, sino a los adultos para la comunicación con los espíritus. Tanto el fabricante como los usuarios consideraban las tablas más seriamente. El abogado Fisher siguió impresionando a la corte con el carácter único de la Ouija. "Afirmamos... que esta es una forma de participar como médium aficionado, y no un juego, o un deporte. Por medio de esta tabla uno puede ponerse en contacto con el otro mundo".[23]

Los reporteros locales querían ver una prueba o demostración de los pretendidos poderes de la tabla, precisamente en la sala de justicia, esto para resolver el problema de una vez por todas. Jamás una prueba así había sido considerada oficialmente, o llevada a cabo. El 1 de junio de 1921, el juez John C. Rose dio a conocer su decisión en la Corte Distrital de los Estados Unidos. Se dijo, según palabras del resumen del periódico: "No hay nada oculto o sobrenatural en cuanto a la tabla Ouija; sencillamente se trata de un juego común, y como tal, sujeto a impuestos".[24]

Esta decisión era claramente inaceptable para la compañía que a finales de 1921, o principios de 1922, dio el primero de los dos pasos que quedaban en el proceso judicial, presentando su pleito a la Corte de Apelaciones del Circuito de Richmond, Virginia. La Corte Distrital tuvo poca dificultad para llegar a una decisión, pero la corte de apelación se dividió en cuanto a la naturaleza de la tabla Ouija. La opinión mayoritaria, escrita y presentada por el juez Charles A. Woods, el 9 de febrero de 1922, confirmó la decisión de la corte del distrito:

> Parece seguro decir que los psicólogos reconocen la tabla Ouija como un medio real de expresión de automatismo. Pero la corte no puede pretender ignorar que en gran parte dicha tabla se vende con la expectativa de ser usada simplemente como un medio de entretenimiento social o juego, y en efecto así es usada. Es verdad que el automatismo es la base de su uso, pero los fenómenos de naturaleza psíquica, así

como física, pueden ser la base de la diversión y de los juegos.[25]

En este fallo, la corte prácticamente aceptó el argumento de la compañía en cuanto a la naturaleza de la tabla, pero añadió una propia: Puesto que la diversión era la base de cualquier juego, como tal, la Ouija estaba sujeta a impuesto. El punto de vista contrario del juez Martin A. Knapp le añadió un interesante giro al caso: "La tabla Ouija no tiene real similitud en construcción o uso, con cualquiera de los artículos especificados. Es única en su género".[26]

Esperando una opinión más favorable, la compañía llevó su caso a la Corte Suprema de los Estados Unidos. Esta última tentativa tuvo corta vida. Los jueces sencillamente se negaron a tomar una decisión, y el 5 de junio de 1922 desecharon el caso sin comentarios. Al siguiente día el *Baltimore Sun*, publicó un artículo cuyo título demostró ser el comentario final en cuanto a los esfuerzos legales para definir con exactitud la tabla Ouija: "Pleito por Impuestos: Una Larga Contienda en Varios Tribunales, Finalmente es Desechado y el Estado de la Tabla Permanece en la Lista de Misterios no Resueltos".[27] A pesar de la indecisión judicial en cuanto a la definición precisa de la tabla Ouija, el público americano la siguió adquiriendo y usando en sus casas.

El dramático éxito de Fuld fue repentinamente interrumpido el 24 de febrero de 1927, cuando el periódico local registró del accidente: "William Fuld, un antiguo inspector de aduanas que consiguió más de un millón de dólares con su invención y la venta de una tabla de 'comunicación con los espíritus', quedó seriamente herido hoy, después de caer del tercer piso de su industria de juguetes".[28] Fuld había subido para ayudar a un trabajador que reemplazaba un asta en el techo. Cuando se sujetaba a una vara de apoyo, cerca al borde del techo, ésta se soltó lanzándolo de espaldas. Fue llevado a un hospital cercano, pero murió el mismo día. ¡Es irónico que Fuld, quien afirmaba haber inventado la tabla Ouija, y se había beneficiado enormemente con su venta, muriera en una caída desde el mismo edificio que ella le había aconsejado construir!

Después de la muerte prematura de William, aparentemente Isaac reasumió la demanda como inventor de la tabla. Al morir éste el 19 de noviembre de 1939, apareció el siguiente artículo: "Historia del Inicio de la Tabla Ouija se Perdió con la Muerte del Inventor".[29] Los reporteros interrogaron a los miembros de la familia de Isaac Fuld en cuanto a la invención de la tabla, pero sabía, o podía recordar muy poco.

Períodos de Popularidad de la Ouija

Una encuesta en cuanto a la popularidad de la tabla, revela algunos períodos importantes cuando la demanda llegó a su punto más alto. Más o menos un año antes de que comenzara la Primera Guerra Mundial, la señora Pearl Lenore Curran, una ama de casa común y corriente de St. Louis Missuri, comenzó una desacostumbrada odisea con la Ouija, que fue más tarde publicada, y que generó un interés renovado en la tabla. La señora Curran de vez en cuando utilizaba la tabla para jugar con sus amigas, pero el 8 de julio de 1913, el indicador deletreó lentamente estas palabras: "Viví hace muchas lunas. Ahora regreso. Patience Worth es mi nombre". Esto inició una serie de misteriosos mensajes recibidos a través de la tabla Ouija de la señora Curran, que continuó hasta su muerte por neumonía en un hospital de Los Angeles el 3 de diciembre de 1937.[30] He resumido los principales hechos de este curioso caso, que hoy son tan confusos como lo fueron durante la vida de la mencionada señora. El resumen condensa información de varios libros y artículos. Hay por lo menos tres estudios, del tamaño de un libro, escritos en cuanto a Curran, el último de los cuales fue publicado en 1972.[31]

Patience Worth afirmó que había vivido en una finca, en la Inglaterra del siglo XVII, y que después llegó a

América, donde murió a manos de indios salvajes. La señora Curran era una mujer de poca educación. "Nunca había estudiado literatura, antigua o moderna, ni había tratado de escribir alguna forma de obra literaria. Ella no había tenido ningún interés particular en la historia, la literatura, o la vida inglesa".[32] Aún así pudo producir, con precisión, obras relacionadas con estos temas. Durante un período de 24 años, Patience produjo "el asombroso total de casi cuatro millones de palabras, para un total de siete libros". Algunas de estas obras se vendieron bien y hasta fueron elogiadas por distinguidos críticos. Escribió más de 5.000 "poemas que iban desde unas cuantas líneas hasta cientos de ellas, cifras incontables de epigramas y aforismos, historias cortas, unos cuantos dramas, y miles de páginas de conversación ingeniosa e incisiva, con los cientos de huéspedes que venían a visitarla".[33] La señora Curran alcanzó velocidades de 3.000 palabras por hora en la tabla Ouija. Renunció a ella el 12 de febrero de 1920, y alcanzó 110 palabras por minuto en el dictado directo. Con el tiempo aprendió a hablar por Patience, a través de la máquina de escribir.[34] "En una ocasión se perdió un capítulo de una novela que le estaba dictando Patience, pero dos meses más tarde ella lo dictó de nuevo, y cuando las páginas perdidas aparecieron se encontró con que había repetido idénticas palabras".[35] Los dictados no necesitaban: "ninguna ceremonia..., luces fuertes, silencios impuestos, ni ninguna especie de ceremonia ridícula".[36] "La señora Curran nunca fue opacada por la personalidad de Patience Worth".[37] "La fuente real del resultado literario de Worth-Curran sigue siendo desconocida".[38] Patience Worth nunca ha sido identificada en ningún registro histórico.

La historia de Patience y la señora Curran despertó la curiosidad de mucha gente, y las ventas de la tabla Ouija subieron vertiginosamente. Cuando la señora Curran abandonó la tabla por el dictado directo, enfatizó: "¡Detesto hacer esto por la influencia que tendrá en la venta de tablas Ouija!"[39]

Después de la Primera Guerra Mundial, la popularidad de la Ouija alcanzó nuevas dimensiones, cumpliéndose así las predicciones hechas a William Fuld, de que sería un "gran negocio". En diciembre de 1919, un artículo que apareció en el *New York Times registró informes de varios almacenes acerca* "de una demanda sin precedentes, de lo que solía denominarse planchette, y que ahora se conoce con el nombre de la tabla Ouija"[40]. Aparentemente muchas personas compraron la tabla anhelando comunicarse con los espíritus de soldados asesinados en Francia. El *Times* editorializó: "Es deber de todos los que conocen los hechos relacionados con las tablas Ouija, hacerlos públicos, y denunciar el mal uso de ella, como un crimen contra la inteligencia".[41] Durante la vida de los hermanos Fuld, 1920 quizá fue el año récord de ventas. Según se dice, William Fuld le contó a un amigo que había vendido unos tres millones de tablas.[42] El *Baltimore Sun* hasta "tenía un editor regular de Ouija para responder el flujo de preguntas que recibía".[43]

La novedad o locura de la tabla Ouija comenzó a extenderse a los recintos de las universidades. El *New York Times* (14 de enero de 1920) publicó un artículo sobre el uso de la tabla Ouija en el recinto Ann Arbor de la Universidad de Michigan.

> Habiendo creado una industria nacional que promete competir con la de la goma de mascar, la tabla Ouija ahora está desarrollando una nueva forma de postración nerviosa. Desde varios centros de estudio se informa que los pupitres de los estudiantes ya no están llenos de fichas de colores, habiéndose convertido en el centro de un suspenso aún más sorprendente a medida que se deletrean en ellas mensajes de "espíritus". En Ann Arbor el profesorado prevé un aumento de las listas de estudiantes "suspendidos" y "amonestados", a menos que regresen rápidamente a los estudios, teniendo en cuenta la cercanía de los exámenes. Con tristeza, un profesor proclama que "el encanto de la Ouija se está volviendo

una seria amenaza nacional". Las autoridades médicas locales, mientras tanto, informan de un incremento de las enfermedades nerviosas y las postraciones.[44]

Para mediados de la década de 1920 el interés por la tabla Ouija disminuyó. Unos cuantos de sus casos inusuales fueron publicados en los periódicos, y algunos de ellos aparecen en un capítulo posterior. Después de la crisis de la bolsa, en 1929, la Baltimore Talking Board Company (ahora administrada por los dos hijos de Fuld, William A, y Hubert) de nuevo estaba produciendo grandes cantidades de tablas para cumplir con la demanda. Un reportero del *Baltimore Sun* observó que ésta siempre se vendía mejor "en épocas de estrés, guerras, depresiones y recesiones".[45]

Durante el siguiente tiempo de estrés nacional, la Segunda Guerra Mundial, de acuerdo con el pronóstico, produjo otro período de ventas activas. En mayo de 1944, William A. Fuld (hijo) afirmó que las órdenes de pedidos entraban a raudales, y que no podía conseguir suficientes materiales para cumplir con ellas. Cuando se le preguntó en cuanto a la gran demanda, él afirmó: "Todo lo que sé es que las tablas alguna vez tienen que funcionar, o no estaríamos vendiendo tantas. En los últimos 18 meses las ventas han sido tan altas como las de los mejores años durante la década de los 20".[46] ¡Un solo almacén de Baltimore vendió más de 800 tablas a la semana! Los "compradores más impacientes eran WACs (Women's Army Corps.), colegios de niñas y trabajadores de oficina".[47] Los almacenes más grandes tenían aun mayor éxito. Un almacén por departamentos en New York vendió en cuatro meses más de 50.000 tablas "a clientes crédulos e incrédulos". El año anterior habían vendido sólo unas cuantas.[48] Fuld explicó el resurgir del interés en dos formas: "Hemos hecho mucho trabajo misionero a través de los años (no dio muchos detalles al respecto), y claro también es la época. En momentos así la gente acude a cosas como la Ouija para saber lo que sus hijos y esposos están haciendo al otro lado (posiblemente quería decir en el extranjero)".[49]

En 1945 la revista *Popular Science* contenía los planos para construir una tabla Ouija a bajo costo, en el taller de la casa,[50] lo cual es otra indicación de su popularidad. En 1959 un reportero del *Baltimore Sun* supo que cierto nivel de reserva rodeaba la fabricación de la tabla. Los hermanos Fuld ya no daban información en cuanto a la cifra de tablas vendidas, o la nueva ubicación de la fábrica, que fue trasladada porque grupos de visitantes curiosos estorbaban las operaciones en la planta. Quienes tenían preguntas en cuanto a la tabla debían enviarlas por correo a la compañía, y sólo recibían respuestas por escrito.[51]

El resurgir hacia lo oculto que comenzó en la década de los 60, parecía que, con seguridad, produciría una demanda creciente de tablas, razón por la cual Parker Brothers, un reconocido fabricante de juegos en Salem, Massachusetts, decidió adquirir esta potencial mina de oro. El 23 de febrero de 1966, Parker anunció que "había adquirido la propiedad total de William Fuld, Inc.".[52] En la misma emisión el presidente de Parker Brothers dijo que la compañía planeaba "aumentar la producción de tablas Ouija, en más del 100 por ciento, sobre los niveles alcanzados en 1965.[53] Su pronóstico acerca de la demanda en el mercado probó ser correcto puesto que en 1967 las ventas de Ouija (2.3 millones) excedieron las del Monopoly®; (2.1 millones).[54] John Godwin, en su libro *Occult America*, (América Oculta) estimó que entre 1967 y 1972 "se habían vendido aproximadamente 10 millones de dichas tablas, representándoles 50 millones de dólares, y asegurando que un mínimo básico de 20 millones de americanos habían jugado con ellas".[55]

Aunque algunas de estas cifras pueden estar infladas, es evidente que las ventas de la tabla Ouija, y su uso son significativas. Godwin observó la impresionante nueva característica de este resurgir, diciendo: "A las esposas comunes y corrientes, madres y novias de militares se unieron millones de adolescentes, por debajo de los 13 años, que nunca antes habían mostrado mucho interés en estos aparatos".[56]

Si las cifras de ventas son un indicador de la popularidad, uno podría concluir que el interés en la tabla Ouija declinó durante la década de los años 70. Russell Chandler reportó más de 400.000 ventas en 1973.[57] En 1979 las ventas para la década anterior reportaron siete millones.[58] Pero el interés en la tabla Ouija y lo oculto, sigue siendo fuerte, y los libros con información sobre el tema continúan apareciendo. El último de ellos fue anunciado como "el primer libro que estudia detenidamente el fenómeno denominado 'la tabla Ouija'". Fue publicado por Barnes y Noble en 1985 con el título, *Ouija: The Most Dangerous Game* (Ouija: El Juego más Peligroso).[59]

¿Por qué la tabla Ouija ha sido tan popular? ¿Por qué millones de personas la han consultado? De acuerdo con una encuesta nacional llevada a cabo por Stoker Hunt, en 1983, más del 30 por ciento usaba la tabla para ponerse en contacto con los muertos, y más o menos el mismo número la utilizaba para comunicarse con los vivos. "El resto trata de ponerse en contacto con 'inteligencias' no humanas (espíritus, ángeles, animales domésticos, etc.), tratan de buscar objetos perdidos, o intentan desarrollar sus propios poderes psíquicos. Algunos recurren a la tabla Ouija en busca de orientación".[60] Las preguntas en cuanto a orientación incluyen asuntos tales como: Carrera, matrimonio, inversiones, loterías, saud y hasta la dieta.[61] ¡Quizá la tabla Ouija ha sido popular porque, en cierta forma, es funcional!

Otros aspectos de la historia moderna de la tabla Ouija aparecerán en capítulos siguientes, incluyendo su papel en el lanzamiento del fenómeno actual de canalización, y como la fuente para los libros de la escritora Chelsea Yarbro, ganadora de un premio, quien recopiló los mensajes Ouija de "Michael", en tres libros: *Messages from "Michael" (Mensajes de "Michael"* 1979), *More Messages from "Michael"* (Más Mensajes de "Michael" 1986), y *Michael's People* (La Gente de "Michael" 1988). También examinaremos con mayor detalle el lugar que ocupa la tabla en la experimentación de los adolescentes con lo oculto.

Este relato histórico en cuanto a la invención de la tabla Ouija, y el aumento de popularidad, muestra que es un tema mucho más complejo y serio de lo que se entiende comúnmente.

Notas

1. John Godwin: *Occult America* (América Oculta) (Garden City: Doubleday, 1972), 271.
2. "Ouija, Ouija, Who's Got the Ouija? "(Ouija, Ouija, ¿Quién Consiguió la Ouija?)" *The Literary Digest* (El Resumen Literario) (julio 3, 1920), 66.
3. Nandor Fodor: "Ouija Board", *Encyclopedia of Psychic Science* (Enciclopedia de Ciencia Psíquica) (New Hyde Park, N. Y.: University Books, 1966), 270. En mi investigación para este libro, descubrí una serie de instrumentos e invenciones usadas para la comunicación espiritista y la canalización, y para propósitos psíquicos. Algunas son variaciones de la tabla Ouija, y otras operan bajo un principio parecido. El abogado de patentes Edward D. O'Brian pasó unos cinco años investigando lo que él identificó como psicógrafos, localizando más de 100 de ellos, y más o menos el mismo número de instrumentos. Esto demuestra la ingenuidad de los inventores en sus intentos por explorar los reinos psíquico o espiritual. Algunos inventores clasificaron su instrumento como un "juego", o como una "tabla que habla", mientras otros usaron nombres más ocultos tales como: "Rueda espiritual", "instrumento para adivinar la suerte", "instrumento de comunicación espiritista", y "tabla Swami".
4. George McHargue: *Facts, Frauds and Phantasms* (Hechos, Fraudes y Fantasmas) (New York: Doubleday, 1972), 10.
5. Ammianus Marcellinus: *The Roman History of Ammianus Marcellinus,* Trad. C. D. Yonge (Historia Romana de Ammianus Marcellinus, Traducción de C. D. Yonge) (New York: Bell, 1894), 505-511.
6. C. J. S. Thompson: *The Mysteries and Secrets of Magic,* (Los Misterios y Secretos de la Magia) (New York: Causeway, 1973), 148.
7. Hans Holzer: *ESP and You, (PES, Percepción Extra Sensorial, y Tú)* (New York: Hawthorn, 1966), 75. Sargent también observó que, "de acuerdo con Huc, el misionero católico, la tabla-golpe y tabla-giro, eran usadas en las tierras desérticas de Tartaria por los mongoles en el siglo XIII" (Sargent, *Planchette*, 397).

8. Lewis Spence: "Planchette", The *Encyclopedia of Occultism* (La Enciclopedia del Ocultismo) (New Hyde Park, N. Y.: University Books, 1960), 324; Ann Braude, *Radical Spirits [Espíritus Radicales],* (Boston: Beacon Press, 1989), 24-25.

9. Sargent: *Planchette*, 1. Una versión china de la planchette estaba usándose antes de su invención en Francia, y "en Ningpo, en 1843, era rara la casa en donde esta forma de obtener mensajes de los espíritus no era practicada" (Spence, "Planchette", 398).

10. Hasta donde sé, Stoker Hunt es el primer autor que le atribuye la invención a Elijah Bond (Ouija: *The Most Dangerous Game*, Ouija: El Juego más Peligroso, [New York: Barnes y Noble, 1985], 5). Parker Brothers, sin embargo, atribuye la invención de la tabla Ouija a William Fuld, tal como lo hizo el mismo Fuld.

11. Patente No. 479,266. La solicitud de patente dice: "Mi invento se relaciona con la construcción mejorada de la tabla movible o indicador... Como se dice arriba; la construcción de esta tabla no forma parte de mi invento, y la naturaleza, así como el arreglo de las palabras impresas allí, son completamente arbitrarias".

12. "Ouija" *The Literary Digest* (El Resumen Literario) (Julio 3, 1920), 68

13. Ibid., 66. C. W Kennard recibió una patente (No. 462,819) el 10 de noviembre de 1891 por una "Tabla que Habla" que difiere de la Ouija convencional en la cual el indicador está pegado al eje central en un extremo.

14. *Baltimore Sun,* 18 de mayo de 1944, edición vespertina.

15. *Baltimore Sun,* 17 de mayo de 1959, edición matutina.

16. *Baltimore Sun*, 18 de mayo de 1944, edición vespertina.

17. *Baltimore Sun,* 19 de noviembre de 1939, edición matutina.

18. *Baltimore Sun,* 4 de julio de 1920, edición matutina; 17 de mayo de 1959, edición matutina.

19. *Baltimore Sun,* 4 de julio de 1920, edición matutina.

20. *Baltimore Sun,* 19 de noviembre de 1939, edición matutina.

21. *Baltimore Sun,* 4 de julio de 1920, edición matutina.

22. *Baltimore Sun,* 4 de marzo de 1921, edición vespertina.

23. *Baltimore Sun,* 10 de febrero de 1922, edición vespertina. El artículo se refiere en parte al proceso judicial de 1921.

24. *Baltimore Sun,* 2 de junio de 1921, edición matutina.

25. *Baltimore Sun,* 10 de febrero de 1922, edición matutina.

26. Ibid.
27. *Baltimore Sun,* 6 de junio de 1922, edición matutina.
28. *Baltimore Sun,* 24 de febrero de 1927, edición vespertina.
29. *Baltimore Sun,* 20 de noviembre de 1939, edición matutina.
30. Irving Litvag: *Singer in the Shadows: The Strange Story of Patience Worth (Cantante en las Sombras: La Extraña Historia de Patience Worth)* (New York: Macmillan, 1972), 239.
31. Casper S. Yost: *Patience Worth: A Psychic Mystery (Patience Worth: Misterio Psíquico)* (New York: Holt, 1916); Walter Franklin Prince, *The Case of Patience Worth [El Caso de Patience Worth]* (Boston: Boston Society for Psychical Reserach, 1927); Litvag, *Singer in the Shadows.* (Cantante en las Sombras).
32. Yost: *Patience Worth*, como se cita en *Communicating with the Dead*, (Comunicándose con los Muertos) ed. Martin Ebon (New York: New American Library, 1968), 75.
33. Litvag: *Singer* (Cantante) 2-3.
34. Ibid., 190-191, 199.
35. Rosalind Heywood: *Beyond the Reach of Sense* (Lejos del alcance de los Sentidos) (New York: Dutton, 1959), 92.
36. Yost: *Patience Worth*, citado en Ebon, Communicating, 66.
37. Robert Somerlott, *"Here, Mr. Splitfoot": An Informal Exploration into Modern Occultism* (Exploración Informal en el Ocultismo Moderno) (New York: Viking, 1971), 146.
38. Ibid., 147.
39. Litvag: *Singer* (Cantante) 199.
40. *New York Times,* 24 de diciembre de 1919, 12.
41. Ibid.
42. *Baltimore Sun,* 17 de mayo de 1959, edición matutina.
43. *Baltimore Sun,* 18 de mayo de 1944, edición matutina.
44. *New York Times,* enero 14 de 1920, 8.
45. *Baltimore Sun,* 17 de mayo de 1959, edición matutina. William A. Fuld (hijo del propietario original) recibió una patente por el diseño de la tabla Ouija que está en uso hoy (Patente No. 114,534, 2 de mayo de 1939). Se le otorgó otra patente por lo que parece ser una planchette tabla Ouija convencional, pero con la adición de una iluminación con pilas (Patente No. 1.870.677, 9 de agosto de 1932).
46. *Baltimore Sun,* 18 de mayo de 1944, edición matutina.

47. Ibid.
48. Gertrude Berger: "The Ouija Comes Back" (La Ouija Regresa) *New York Times Magazine* (10 de septiembre de 1944), 46.
49. *Baltimore Sun,* 18 de mayo de 1944, edición vespertina.
50. *Popular Science,* febrero de 1945, 161.
51. *Baltimore Sun,* 17 de mayo de 1959, edición matutina.
52. *New York Times,* 24 de febrero de 1966, 50.
53. Ibid.
54. Evelyn Cuoco, carta al autor, 5 de mayo de 1992. Este fue el único año que esto fue cierto.
55. Godwin: *Occult America, (América Oculta)* 271.
56. Ibid., 272.
57. *Los Angeles Times,* 17 de febrero de 1974, 1.
58. Gina Covina: *The Ouija Book (El Libro de la Ouija)* (New York: Simon and Schuster, 1979), 104. En respuesta a mi solicitud de cifras de ventas de la Ouija para la década anterior, la Consejera de Relaciones con el Consumidor, Evelyn Cuoco, de Parker Brothers, me informó que esta es "información del propietario, y que no está a disposición del público". (Carta al autor, 5 de mayo de 1992).
59. La precisión de esta afirmación podría cuestionarse, pues en mi libro de 191 páginas, *The Ouija Board: Doorway to the Occult (La Tabla Ouija: Puerta a lo Oculto)* (Moody Press, 1975) aparece un "estudio minucioso" de la tabla Ouija. Aunque la publicación de Barnes y Noble hecha por Stoker Hunt contiene advertencias en cuanto al uso de la misma, y contiene muchos detalles interesantes, no está escrito desde una perspectiva cristiana e incluso contiene dos capítulos en cuanto a cómo operar la tabla.
60. Hunt: *Ouija* 9.
61. Ibid., 9; Covina, *Ouija Book* (Libro de la Ouija 84-87).

3

Operación e Interpretación de la Tabla

Algunos de los aspectos más controvertidos de la tabla Ouija se relacionan con las preguntas: ¿Qué la hace funcionar? ¿Cuál es la fuente de los mensajes? ¿Las comunicaciones recibidas a través de la tabla sólo reflejan el pensamiento consciente o subconsciente del operador, o a veces revelan contacto con otra dimensión, la sobrenatural? Si lo último es cierto, ¿cuál es la evidencia?

¿Qué la Hace Funcionar?

Aunque las instrucciones para la tabla Ouija son tan sencillas que aparecen impresas en la parte externa de su caja, encontré varios artículos, libros y hasta capítulos enteros que contienen información sobre la forma de ponerla a funcionar. Estos escritores consideran la operación de este instrumento como algo serio, algo que debe abordarse con la actitud y los motivos adecuados. Las instrucciones incluyen una variedad de temas tales como: Condiciones del cuarto e iluminación, el número de personas en el cuarto, la duración y frecuencia de las sesiones, condiciones climáticas adecuadas, el estado físico y mental de los participantes, su actitud hacia los "controles y comunicadores", el método de hacer preguntas y registrar las sesiones, y el cuidado adecuado de la tabla.[1] Desde luego estos autores no consideran la tabla Ouija como un juego o un juguete.

Las instrucciones de Parker Brothers para su uso son claras, pero no se refieren a lo que la hace funcionar. Para saber si la compañía tenía una respuesta, escribí a Parker Brothers y recibí un folleto que no ofrece solución, sino que sencillamente afirma: "Cómo, o por qué funciona, es un misterio..."[2] Las instrucciones de la tabla le advierten al usuario que debe obrar con seriedad porque "si la usa frívolamente, haciendo preguntas ridículas o burlándose de ella, naturalmente obtendrá influencias no desarrolladas en torno a sí mismo". ¿Qué son esas "influencias no desarrolladas" en torno a la(s) persona(s) que la opera(n)?

Fuera de la manipulación consciente, existen por lo menos tres explicaciones básicas de lo que hace funcionar la tabla Ouija. La primera sostiene que imperceptibles movimientos musculares producen el desplazamiento del indicador. Esto significa que los mensajes vienen de la(s) mente(s) subconsciente(s) del(los) operador(es). La segunda sostiene que aunque la mayoría de mensajes viene del subconsciente, un pequeño porcentaje se origina del contacto con espíritus no encarnados, u otras inteligencias. En ciertos casos individuales, todos los mensajes pueden resultar de fuentes externas. La tercera opinión también sostiene que la mayoría de mensajes se origina en el subconsciente, pero que un pequeño porcentaje refleja contacto con espíritus malos o demonios. De acuerdo con la Biblia, los demonios son seres espirituales confabulados con Satanás que ejercen una influencia mala en los asuntos humanos (Lc. 4:33-36; 1 Co. 10:20; Ap. 9:20). Esta es mi propia opinión en cuanto al tema, que muchos cristianos comparten, aunque algunos creen que un porcentaje más alto de mensajes de la tabla Ouija es de origen demoníaco.

Otras teorías en cuanto a la fuente de comunicaciones de la Ouija incluye PES (Percepción Extra Sensorial), y lo que Carl Jung denominó: "El inconsciente colectivo", el cual considera que las personas pueden intervenir en una memoria colectiva compartida que es innata y no derivada de la experiencia personal.[3]

Aunque algunos cristianos creen en la realidad de lo demoníaco, consideran la tabla Ouija sólo como un "instrumento seudo oculto", y tienen dudas en cuanto a las supuestas dimensiones sobrenaturales. Danny Korem, mago profesional, y el doctor Paul Meier, psiquiatra cristiano, asumen esta posición en su libro *The Fakers* (Los Impostores). Korem observa: "Nunca he sido testigo, ni he leído o escuchado un informe creíble de algo con naturaleza sobrenatural que ocurriera mediante el uso de la tabla Ouija". Y Meier concuerda: "En realidad estoy de acuerdo con Danny Korem en cuanto a que ningún resultado obtenido de las tablas Ouija proviene de la superchería, suerte, o acción ideomotora subconsciente".[4]

Aunque Korem y Meier siguen escépticos en cuanto a que la tabla Ouija sea un instrumento misterioso, ambos instan fuertemente a no involucrarse con ella, o a desistir de esa práctica, si ya la están utilizando. Korem advierte: "Este juego aparentemente inofensivo puede llegar a ser una de las más peligrosas búsquedas ya detalladas de lo seudo oculto".[5]

La mayoría de investigadores no cuestiona el hecho de que un alto porcentaje de sus mensajes sea producido por la(s) mente(s) de el(los) operador(es). Sin embargo, muchos autores sostienen que esto no puede explicar *todo* lo que ocurre.[6]

Kurt Koch presenta tres actitudes básicas frente a fenómenos inexplicables: "La actitud irrealista de "disculpar dando explicaciones" racionales, la postura realista de la investigación científica, y el reconocimiento de que, a pesar de las investigaciones, queda un residuo inexplicable".[7] El cita parasicólogos, psicólogos y otros cuyas experiencias los llevan a creer en el residuo inexplicable.[8] Al respecto, Koch se refiere al eminente investigador parasicólogo Rudolph Tischner, diciendo: "Reconozcamos nuestra completa ignorancia".[9] Al comienzo del libro,

Koch señala que existen unas 30 teorías para explicar el fenómeno de la clarividencia.[10] ¿Cuál es la importancia de tantas interpretaciones? "Estas muchas teorías son, por una parte, símbolo del esfuerzo por encontrar el elemento de la verdad en la clarividencia, y por la otra, síntoma inequívoco del gran factor de incertidumbre en todo los intentos racionales por mostrar el significado".[11]

¿Son explicados adecuadamente por el subconsciente del operador, todos los mensajes y manifestaciones que tienen que ver con la tabla Ouija, como algunos han sugerido? No, según Martin Ebon, quien sostiene que:

> Hasta los parasicólogos más experimentados, investigadores psíquicos o psicólogos, no pueden explicar lo que realmente sucede. Seguro, existe una abundante palabrería aprendida en cuanto al "surgimiento de las características de una personalidad secundaria", de "múltiples personalidades", del "surgimiento de tendencias reprimidas", de "facetas dramatizadas complementarias, compensatorias o suplementarias dentro de la persona". La sencilla verdad es que nadie sabe exactamente qué sucede, así como nadie sabe exactamente cómo y por qué soñamos.
>
> Sin embargo, sabemos con seguridad que es peligroso abrirle la puerta al subconsciente sin la precaución debida. Eso se aplica a la hipnosis, entre otras cosas.[12]

Negar la posibilidad de la intrusión de lo sobrenatural en el uso de la tabla Ouija, es prematuro. Como John Godwin nos lo recuerda: "Todo el espectro de automatismo sigue en gran parte inexplorado".[13] Ambas, la segunda y tercera teoría en cuanto a la fuente de los mensajes de la tabla Ouija, concuerdan en que algún fenómeno de la tabla trasciende los poderes mentales de los participantes, pero sus explicaciones representan claramente dos panoramas diferentes. La explicación espiritista contradice la opinión bíblica, y cualquier intento por combinar las dos, distorsionaría completamente la fe cristiana.[14]

Si se sostiene con seriedad la hipótesis espiritista, distorsiona gravemente la comprensión cristiana de Dios y de la creación. Revise brevemente las enseñanzas que hemos descrito y observe su relación con los principales dogmas de la fe cristiana. El fundamento de convicción es transferido de la Palabra a la demostración de la sesión espiritista. Las Escrituras se convierten en un registro de fenómenos psíquicos. Dios, si no es rechazado, por lo menos es relegado a los márgenes de interés, y el hombre, vivo o muerto, ocupa el centro del escenario. Este se convierte de *por sí* en un ser inmortal, y su pecado ya no es contra Dios, sino sólo contra su propio progreso. Cristo se vuelve un médium practicante, y la expiación una ofensa, ya que la salvación es sólo por la capacidad inherente del hombre para progresar moral y espiritualmente. La bondad está en producir felicidad en nosotros y nuestros semejantes. El juicio se olvida, un paraíso terrenal cursi reemplaza la vida eterna, y ya no hay más esperanza en cuanto a la Venida del Señor.[15]

Los cristianos no pueden interpretar fenómenos sobrenaturales asociados con la tabla Ouija como manifestaciones de espíritus de difuntos, porque la Biblia enseña claramente que el espíritu humano no vaga después de la muerte, sino que tiene un destino inmediato; el cielo o el hades.[16] Tales expresiones como *presentes al Señor* (2 Co. 5:8) o *partir y estar con Cristo* (Fil. 1:23) enseñan que los creyentes van al cielo después de la muerte. Jesús dijo al ladrón en la cruz: *...hoy estarás conmigo en el paraíso* (Lc. 23:43). Y en Juan 14:2 Jesús le dijo a sus seguidores: *...voy, pues, a preparar lugar para vosotros.* Los no redimidos también tienen una morada después de la muerte, conocida como el Hades; "el lugar en donde los muertos inicuos son atormentados antes del juicio final".[17] En el recuento del hombre rico y Lázaro, en Lucas 16, el hombre rico estaba "en el Hades" (v. 23) y "una gran sima está puesta" entre los redimidos y los no redimidos (v. 26).

En vez de consultar las tablas Ouija o los médium, en cuanto al futuro, la Biblia enseña claramente a los cristianos que deben buscar a Dios y su Palabra: *Y si os dijeren: Preguntad a los encantadores y a los adivinos, que susurran hablando, responded: ¿No consultará el pueblo a su Dios? ¿Consultará a los muertos por los vivos? ¡A la ley y al testimonio! Si no dijeren conforme a esto, es porque no les ha amanecido* (Is. 8:19-20).

¿Cuántas de las comunicaciones de la Ouija representan contacto con el reino sobrenatural? La mayoría de los escritores son imprecisos al respecto porque nadie puede saberlo con certeza. Hans Holzer estima que del 5 al 10 por ciento de los casos investigados por él, realmente contactan el reino sobrenatural,[18] aunque personalmente rechaza la perspectiva bíblica de los demonios. Allen Spraggett, estudiante de fenómenos psíquicos, estima que menos del uno por ciento involucra lo sobrenatural.[19] ¿Cuál es la importancia de tales estimaciones? Aunque uno aceptara la realidad del contacto sobrenatural, sólo un pequeño porcentaje de fenómenos de la tabla Ouija pertenece a esta categoría. Por consiguiente, cada incidente reportado debe examinarse e interpretarse cuidadosamente.

Comunicación con lo Sobrenatural a Través de la Tabla Ouija

Hay muchas razones por las cuales creo que la tabla Ouija puede ser un medio de comunicación con el reino sobrenatural. Aunque la mayoría de sus mensajes es el resultado de la(s) mente(s) consciente(s) y subconsciente(s) del(los) operador(es), el pequeño porcentaje de mensajes que pueden tener un origen demoníaco, no siempre mostrará evidencia externa de su fuente diabólica. De hecho, precisamente puede tratarse de lo opuesto. El engaño está en el corazón de la acción satánica (2 Co. 11:14; Ap. 12:9). La información que instrumentos tales como la tabla Ouija proporcionan, con frecuencia puede ser útil. Aunque la vileza de algunas comunicaciones espiritistas revela su fuente demoníaca, a menudo pareciera que los mensajes son morales e impresionantes. Invariablemente, sin embargo, sufren de un defecto fatal: Ignoran o socavan las afirmaciones únicas del cristianismo bíblico. La experiencia de Victor Ernest, un antiguo espiritista que más tarde se convirtió en ministro cristiano, ilustra este engaño demoníaco.

> Los espíritus que encontraba en las sesiones espiritistas eran, en su mayoría, muy moralistas. Ellos nos animaban a no fumar, tomar o hacer algo que dañara nuestras mentes y cuerpos. Se les decía a los ministros que predicaran moralidad, buenas costumbres y orgullo cívico... Los espíritus a menudo hablaban de un Jesús ético, pero nunca en cuanto al Salvador que murió sacrificándose por causa del pecado.
>
> En contraste con la alta moral y el tono ético de las sesiones espiritistas en nuestra casa, yo asistía a algunas en donde los espíritus eran blasfemos y sensuales (los espiritistas los denominan demonios apegados a la tierra), los cuales servían para reforzar nuestra convicción de que los espíritus en las sesiones realizadas en casa, eran realmente de Dios.
>
> Sólo más tarde me di cuenta de que las sesiones espiritistas blasfemas eran otro truco sutil de Satanás para convencernos de que había espíritus "buenos" y espíritus "malos", y que sin duda en nuestras sesiones nos estábamos comunicando con Dios, porque todos los espíritus malos son demonios, criaturas caídas que le sirven a Satanás. Aun los espíritus que nos hablaban de mejorar moral y espiritualmente, lo hacían para ganar nuestra lealtad, y alejarnos de Dios.[20]

¿Cuál es la evidencia de que la tabla Ouija puede ser usada para establecer contacto con el reino sobrenatural?

Contenido de los Mensajes. El contenido de algunas de las comunicaciones de la tabla ha convencido a muchos investigadores de su índole sobrenatural. Los investigadores han verificado casos en donde la información recibida de la tabla era desconocida para su(s) operador(es). Se necesita la verificación ya que con frecuencia los espíritus proporcionan detalles minuciosos en cuanto a "su" identidad, que después de la investigación resultan totales invenciones.[21]

El señor William Barrett, eminente físico e investigador psíquico, examinó algunos experimentos con la tabla Ouija, que produjeron información precisa. Al comienzo el espíritu controlador tomó el nombre de Peter Rooney, e inventó información en cuanto a sí mismo, pero "después llegaron más mensajes a través de otro controlador, que incluían los nombres y direcciones de dos personas recién fallecidas en Inglaterra, los cuales después de la investigación resultaron ser perfectamente correctos, aunque los nombres eran bien desconocidos para mí, o para cualquiera de los que estaban en la sesión".[22]

Hans Holzer se refiere a un mensaje que recibió a través de la tabla Ouija con la señora Ethel Johnson Meyers, como médium. Supuestamente la comunicación venía de un soldado americano asesinado en Filipinas durante la Segunda Guerra Mundial. La tabla dio información en cuanto al nombre del soldado, su rango, número de serie, y la residencia de su familia. Las averiguaciones de Holzer en el Departamento de Defensa no tuvieron éxito, pero cuando envió una carta a la dirección mencionada por la tabla, la familia verificó la identidad del soldado, y que *había* vivido y muerto en la guerra.[23]

Al principio analizamos el caso de Pearl Curran, quien abandonó los estudios a los 14 años, y tenía poco o ningún contacto personal fuera de su vecindario. Aún así ella pudo escribir tres novelas históricas (*The Sorry Tale (El Relato Triste)*, *Hope Trueblood (Esperanza de Verdad Sangrienta)*, y *Telka, y numerosos otros libros a través de la tabla Ouija. Telka* está ubicada en la Inglaterra medieval. Un Filólogo que leyó la novela afirmó que el 90 por ciento de las palabras era de origen anglosajón, y que ninguna de ellas era posterior al siglo XVIII. Otros revisores encontraron que tanto *Telka* como *The Sorry Tale* (una novela sobre la Roma imperial), eran históricamente precisas, aunque la señora Curran no sabía casi nada en cuanto a historia, especialmente romana. ¿Cuál fue su explicación para estos libros? Ella aceptó una interpretación espiritista, a saber: Que un espíritu controlador llamado Patience Worth, quien afirmaba haber vivido en el siglo XVIII, era responsable por su escritura relacionada con la tabla.[24]

Podría citar otros numerosos ejemplos de experiencias similares, pero permanece el hecho de que a veces la información que proviene de la tabla respalda la explicación de un origen sobrenatural.[25] Uno de los principales participantes en el material "Michael", comentó: "Si yo tuviera la mitad de la información sobre historia que ha venido a través de la tabla, hubiera necesitado tres o cuatro grados..." La información de "Michael" fue verificada en varias oportunidades, y se encontró que era precisa.[26]

Posesión (Obsesión) a Través del uso de la Tabla. El fenómeno de posesión (algunos usan obsesión como sinónimo) después de un período prolongado usando la tabla Ouija, apoya aún más la aseveración de que el instrumento puede promover contacto sobrenatural, e intrusión. Desde la perspectiva bíblica, la posesión es el resultado de la intrusión de lo demoníaco dentro de la personalidad de un individuo. Los demonios son ángeles caídos con naturalezas malas y depravadas que afectan a sus víctimas mental, moral, física y espiritualmente. "Otras características evidentes observadas a través del Nuevo Testamento, en quienes estaban poseídos, incluyen el conocimiento superior o sobrenatural (Stg. 2:19), la capacidad de adivinar el futuro (Hch. 16:16), y una fuerza superior o incontrolable (Mt. 8:28; 17:15; Hch. 19:16)".[27]

Harold Sherman dedica todo un capítulo en *Your Mysterious Powers de ESP* (Sus Poderes Misteriosos de PES) al tema de la invasión de la personalidad por un ser externo. Aunque él considera un ser así como un espíritu no encarnado, y no un demonio, sus observaciones y recuentos son de ayuda:

> Durante mucho tiempo, y aún más en años recientes, debido al difundido interés por la tabla Ouija, la regresión hipnótica, la meditación, y la escritura automática, me he enterado de hombres, mujeres y jóvenes, que han sufrido una invasión de sus mentes por pensamientos y sentimientos muy ajenos a sus naturalezas, como algo que les produce gran preocupación, y a menudo pánico. Aunque muchos doctores y psiquiatras podrían cuestionar mi interpretación, es mi convicción, basada en años de investigación y experimentación en percepción extra sensorial, que muchas de estas personas angustiadas se han convertido en víctimas inconscientes, o poco dispuestas, de la obsesión o posesión.[28]

Después de citar cartas verídicas de personas que habían experimentado una invasión así, Sherman comentó: "Aquí está; esos son casos gráficos que le deberían indicar a cualquiera, incluidas las personas con mentes más cerradas, que la posesión puede ser un fenómeno muy real".[29] Sherman reveló que en los cientos de casos examinados por él, "la mayoría de los que se habían involucrado con entidades espirituales posesivas, y otras llegaron a esa experiencia a través de la tabla Ouija, y/o la escritura automática".[30]

La escritura automática puede resultar de utilizar la tabla Ouija, o inducir su uso. Tal forma de escribir puede ser definida como "escritura hecha en un estado disociado de grado variante. La escritura se hace sin esfuerzo muscular consciente, o dirección mental".[31] Esta es la forma más común de automatismo, y usualmente refleja los pensamientos subconscientes del participante, aunque a veces una inteligencia externa puede intervenir y actuar a través del escritor. A veces la tabla Ouija instruye a los usuarios en cuanto a conseguir papel y lápiz. El brazo y la mano de la persona se pueden contraer, o experimentar una sensación de hormigueo, luego se pone rígido y comienza a escribir. La persona puede incluso pasar a un estado de trance. A veces el escritor progresa y pasa a la escritura automática en máquina, "comunicación de oído interno", o hasta a la vocalización real. Si la escritura automática resulta únicamente del subconsciente u otra entidad, puede convertirse en un impulso compulsivo que daña al practicante física, mental y espiritualmente.

En 1972 Hugh Lynn Cayce (Presidente de la Asociación para la Investigación e Iluminación [A. R. E. por sus siglas en Inglés] en Virginia Beach, Virginia) escribió que él recibía "incontables cartas de muchísimas personas con serias dificultades como resultado de haber probado con las tablas Ouija, y la escritura automática".[32] Examiné algunas de esas cartas en los archivos de A. R. E. y verifiqué que muchas de las "serias dificultades" eran idénticas a los casos de Sherman sobre posesión. En 1992 escribí a A. R. E. para confirmar si la afirmación de Cayce era cierta. La respuesta fue afirmativa.[33]

Pruebas de la Tabla Ouija. Escépticos como Milbourne Christopher, consideran la tabla Ouija únicamente como un instrumento útil para registrar la mente consciente o subconsciente del operador. Con frecuencia tales escépticos proponen pruebas para demostrar si la mente del operador, u otra inteligencia, está obrando. Christopher sugirió utilizar un alfabeto arreglado casualmente, que las personas de la sesión nunca vieran, pues no se les permitía bajar la vista al tablero. Una prueba de éxito todavía más segura involucraría cubrir las cabezas de los participantes con una caja especial, que les imposibilitaría ver la tabla. Christopher pronosticó: "Bajo estas condiciones se deletreará pura jerigonza".[34]

El señor William Barret realizó una serie de pruebas casi idénticas a las sugeridas por Christopher, y registró los resultados en *Proceedings of the American Society for Psychical Research* (Procedimientos de la Sociedad Americana para la Investigación Psíquica),[35] de septiembre de 1914. En su documento Barrett explicaba el trasfondo de los experimentos, y las conclusiones a las que había llegado. El informó que la tabla Ouija funcionaba aun cuando los operadores tuvieran los ojos vendados, el alfabeto reorganizado (mientras las personas de la sesión estaban con los ojos vendados) y cuando la superficie de la tabla era escondida de los operadores mediante una pantalla opaca.[36] El señor William observó que durante un experimento, la interposición de una pantalla opaca detuvo el movimiento del indicador, pero que antes la presencia de la pantalla no había hecho ninguna diferencia. Una persona que se encontraba presente en esta prueba, escribió:

> Estando presente con el señor William Barrett en la sesión mencionada, observé que la interposición de la pantalla opaca no variaba mucho la velocidad con la que el mensaje era deletreado, y en realidad no causó interrupción, mucho menos una suspensión del mensaje... Hasta donde yo podía juzgar, el vendaje de los ojos en los participantes de la sesión, era perfecto, y su *bona fide (buena fe)* me pareció fuera de duda. Cuando la pantalla opaca fue puesta sobre la tabla, las letras quedaron visibles sólo para los reporteros que se inclinaron para ver debajo de la pantalla.[37]

En su conclusión en cuanto a estos experimentos, Barrett hizo el siguiente comentario:

> Yo mismo después de la cuidadosa investigación, estoy absolutamente convencido de que ninguno de los que estaban en la sesión podía usar su visión normal, consciente o inconscientemente, en el experimento registrado en este documento. Todos nosotros sabemos, es cierto, de los maravillosos poderes manifestados por el yo subnormal y muchas ilustraciones singulares de esto, como también de la percepción inconsciente del estímulo sensorial que hay debajo del umbral de la sensación, porque están dadas en nuestros actos. Pero no conozco algún caso que sea completamente paralelo a estos experimentos de la tabla Ouija. Porque tenemos aquí, además de los ojos vendados de los asistentes, la sorprendente pronti-

tud, precisión y exactitud de los movimientos del indicador, deletreando mensajes largos e inteligentes, no sólo sin interrupción o error, sino con énfasis en palabras particulares, adecuada puntuación y el uso de comillas en lugares apropiados. Con frecuencia los mensajes eran contrarios a lo que se esperaba, pues superaban el conocimiento de los asistentes, además de que intercalaban oprobiosos epítetos enteramente extraños al deseo o forma de pensar acostumbrada de cualquiera de los presentes.

Repasando los resultados generales, estoy convencido de su carácter sobrenatural, y de que tenemos aquí una muestra de alguna fuente inteligente, no encarnada, mezclándose con la personalidad de uno o más de los asistentes, y orientando sus movimientos musculares.[38]

Barrett incluye una sección de este informe en su libro *On The Threshold of the Unseen* (En el Umbral de lo Invisible, capítulo 14), en dondo afirma: "Cualquiera que haya sido la fuente de la inteligencia manifestada, estaba absolutamente fuera del área de cualquier facultad humana normal".[39]

En *There is a Psychic World* (Hay un Mundo Psíquico), un líder religioso registra experimentos parecidos con la tabla Ouija, efectuados con su hija de 11 años. La niña operaba con éxito la tabla, hecha en casa, con sus ojos vendados, las letras del alfabeto al revés y completamente reorganizadas.[40]

Hester Dowden (señora Travers Smith), automatista e investigadora psíquica, era conocida porque operaba la tabla Ouija con los ojos vendados. En *Voices from the Void: Six Year's Experience in Automatic Communications (Voces del Vacío: Seis Años de Experiencia en las Comunicaciones Automáticas)*, menciona con frecuencia que operó la tabla con los ojos vendados, y usó otras pruebas tales como un alfabeto reorganizado.[41] ¿Qué tan efectivo era vendarse los ojos?

Se elaboró una estrecha máscara lisa a la medida de cada persona presente en la sesión. Ellos no podían mirar la tabla a través de su máscara, a menos que la cabeza estuviera inclinada hacia atrás. Sin embargo, no consideramos estas máscaras suficientes para condiciones de "prueba". Por eso cuando los visitantes estuvieron presentes usamos por fuera de nuestras máscaras velos opacos de algodón negro que iban desde la frente hasta la cintura.[42]

Cuando se retó a Darby y Joan a desempeñarse con los ojos vendados en *Our Unseen Guest* (Nuestro Huésped Invisible), también afirmaron haber tenido éxito operando la tabla Ouija, aunque tenían los ojos vendados y las cabezas en dirección contraria a ella.[43] Y más recientemente, la psicoterapista Kathryn Ridall relaciona una experiencia en donde la planchette pasaba de una letra a la otra muy rápidamente, aun cuando el canal estaba "doblemente vendado".[44]

Fenómenos de la Ouija Difíciles de Explicar. Una serie de usuarios de la tabla Ouija informó de experiencias difíciles de explicar, sin recurrir a alguna fuente aparte de los asistentes.

1. Con frecuencia los usuarios piden o reciben manifestaciones físicas para verificar la realidad de su experiencia. En un caso, de repente la temperatura bajó a 20 grados, y un viento pasó por el cuarto con tal fuerza que los libros en rústica salieron volando del estante, al igual que los cuadros de las paredes, aunque las ventanas y las puertas estaban cerradas.[45] En otro incidente, algunas chicas universitarias "le pidieron a la Ouija una 'señal'. En ese preciso momento, una luz del estudio se encendió 'por sí misma', y un cigarrillo salió volando de las manos de una de ellas".[46] William Peter Blatty, autor de "El Exorcista", describió sus propias experiencias con la tabla Ouija en *I'll Tell Them I Remember You* (Les Diré que te Recuerdo). Para investigar su experiencia con un cantar mecánico de pájaros (que según él era una manifestación de su

madre fallecida), Blatty recurrió a su tabla Ouija. Cuando el indicador comenzó a moverse, él preguntó si su madre se encontraba presente y "¡en ese mismo instante, aquellos pájaros comenzaron a cantar!"[47]

2. Algunas fuentes afirman que el indicador de la Ouija se mueve sin que las manos del operador estén sobre él. William Stevens relató el caso que al respecto vivió Miss Helen Myers.[48] Harold Sherman observó que esto a veces sucede, aunque no con frecuencia.[49] Gina Covina afirmó: "He visto un indicador seguir su rumbo por el alfabeto *después* de que ambos compañeros quitan sus dedos. Amigos míos me han informado que los indicadores de la Ouija salen volando de debajo de sus dedos, y se quedan flotando por el cuarto".[50] Un hombre muy involucrado con el espiritismo y la tabla Ouija, testificó que cuando era estudiante universitario, un día mientras usaba una hecha en casa, "un vaso de vino se movió sin que nadie lo estuviera tocando".[51] Una inglesa que antes de convertirse a Cristo dirigió cientos de sesiones espiritistas con una Ouija de fabricación casera, escribió:

> Sólo en una ocasión tuve miedo. Un nuevo visitante a las sesiones afirmaba que estaba empujando el vaso. Indignada le dije que no, y le pedí a todos que quitaran sus dedos del vaso. Para mi horror, el vaso pasó silbando violentamente tres veces por el círculo de las letras antes de que se detuviera repentinamente, con grandes chirridos, en el centro de la mesa.[52]

El último incidente involucró el movimiento del vaso, el cual es especialmente popular en Europa. El ex obispo James Pike quiso arreglar una cita con un médium para ponerse en contacto con su hijo Jim, recientemente fallecido, pero Canon John Pearce-Higgins, vicerrector de Southwark Cathedral, le sugirió que tratara el movimiento del vaso primero, y luego procedió a darle instrucciones.

> Pike comentó: "Yo no estaba muy entusiasmado con la idea; pues para todos era como una Ouija hecha en casa".[53] El vaso sí se movió hacia las letras M, F y B,

lo cual no tenía sentido, y Pike se dio por vencido con ese intento de comunicación, ya que "no tenía la intención de pasar varias horas sentado a la mesa esperando que una copa para servir vino se moviera... me parecía como desperdiciar tiempo valioso".[54] Es sorprendente que dos sacerdotes usaran ese método para ponerse en contacto con los difuntos.

Finalmente, el investigador psíquico Hereward Carrington, escribe: "Hay varios casos registrados de cómo la tabla ha seguido escribiendo después de que las manos de los asistentes han sido retiradas de ella".[55]

3. Un cierto número de usuarios de la tabla Ouija habla de incidentes durante los cuales el indicador deletreaba mensajes aparentemente incomprensibles, hasta que los operadores se dieron cuenta de que estaban escritos en un idioma extranjero. Tales episodios son difíciles de explicar teniendo en cuenta que los operadores no eran expertos, o ni siquiera conocían el (los) idioma(s) comunicado(s).[56] Uno de los principales participantes en una experiencia a largo plazo con la tabla Ouija, afirmó que para comunicar los mensajes que habían recibido en la tabla, habrían tenido que hablar idiomas desconocidos para ellos "incluyendo árabe, chino, y uno o dos de los principales idiomas africanos, así como maya, azteca, y los idiomas de los indios americanos".[57]

A la luz del contenido del mensaje de la Ouija, el fenómeno de posesión, las pruebas para verificar la influencia del operador, y otros fenómenos difíciles de explicar, sostengo que es razonable creer que la tabla Ouija puede establecer contacto con el reino sobrenatural. Porque sí funciona, el interés de los participantes y su involucramiento siguen y se profundizan, con frecuencia para su propio detrimento.

Notas

1. Hester Travers Smith, *Voices from the Void (Voces del Vacío)* (New York: Dutton, 1919), 158-164; Gina Covina: *The Ouija Book (El Libro de la Ouija)* (New York: Simon and Schuster, 1979), 43-56.

2. *The Weird and Wonderful OUIJA Talking Board Set (El Misterioso y Maravilloso Juego de la Tabla que Habla, OUIJA)* (Salem, Mass.: Parker Brothers, n. d.), 2.

3. Rosemary E. Guiley: *Harper's Encyclopedia of Mystical and Paranormal Experience (Enciclopedia Harper de Experiencia Paranormal y Mística)* (San Francisco: Harper Collins, 1991), 114, 183-186.

4. Danny Korem y Paul Meier: *The Fakers: Exploding the Myths of the Supernatural (Los Impostores: Explotando los Mitos de lo Sobrenatural)*, ed. rev. (Grand Rapids: Baker, 1981), 70-71. Bob y Gretchen Passantino, autores reconocidos sobre cultos y lo oculto, advierten en cuanto a la falacia o "falsa analogía", y se refieren a los magos André Kole y Danny Korem para ilustrarlo. Los Passantinos elogian a Korem y Kole por desenmascarar fenómenos paranormales fraudulentos y practicantes, pero observan:

   La mayoría de los fenómenos psíquicos, para los que hay suficiente evidencia como para ser conclusivos, pueden comprobarse como natural o engañoso. Sin embargo, cuando comenzamos con la base de la evidencia bíblica, afirmando la existencia de poderes inmateriales (tanto buenos, los ángeles, como malos, los demonios), debemos asumir que algunos fenómenos psíquicos podrían ser de origen demoníaco.

   Korem y Kole elogian con palabrería la creencia en la posibilidad de incidentes aislados que involucran el poder demoníaco real. Sin embargo, ambos afirman repetidamente la analogía imperfecta de que si ellos pueden duplicar un fenómeno mediante la prestidigitación (superchería), entonces así prueban la verdadera fuente de cada informe de ese fenómeno (Bob y Gretchen Passantino, *Witch Hunt* [Nashville: Nelson, 1990], 118).

   "Debemos tener mucho cuidado en que nuestras explicaciones acerca del fenómeno sobrenatural no adormezcan a la gente con una complacencia falsa, que puede hacerlos vulnerables al ocultismo real" (Ibid., 119-120).

5. Korem y Meier, *Fakers*, (impostores) 67, 70-72.

6. Allen Spraggett: *The Unexplained* (Lo Inexplicado) (New York: New American Library, 1967), 115; Kurt Koch, *Christian Counseling and Occultism*, 5ta. ed. (Grand Rapids: Kregel, 1965), 204-205.

7. Ibid., 205-206.

8. Ibid., 204-205.

9. Ibid, 204.
10. Ibid., 197-204.
11. Ibid., 204.
12. Martin Ebon, Ed., *The Satan Trap: Dangers of the Occult* (La Trampa de Satanás: Peligros de lo Oculto) (Garden City: Doubleday, 1976), X.
13. John Godwin, *Occult America* (América Oculta) (Garden City: Doubleday, 1972), 273.
14. Véase los comentarios sobre espiritismo en el libro de G. H. Pember *Earth's Earliest Ages* (Primeras Eras de la tierra) (Old Tappan, N. J.: Revell, n. d.), 243-391.
15. Frank Bell Lewis: "The Bible and Modern Religions: Modern Spiritualism" (La Biblia y las Religiones Modernas: Espiritismo Moderno), *Interpretation* (Interpretación) (Octubre 1957): 454.
16. Para obtener un comentario sobre escatología personal y el estado intermedio, se podría consultar Millard J. Erickson: *Christian Theology* (Teología Cristiana) (Grand Rapids: Baker, 1985), 1167-1184.
17. Peter H. Davids, "Hades" en *Encyclopedia of the Bible* (Enciclopedia de la Biblia), Ed. Walter A. Elwell, 2 vols. (Grand Rapids: Baker, 1988), 1: 913.
18. Hans Holzer: *Life After Death* (Vida Después de la Muerte) (New York: Dell, 1969), 29; Hans Holzer *EPS and You* (New York: Hawthorn, 1966), 73.
19. Allen Spraggett: *Probing the Unexplained* (Investigando lo Inexplicable) (New York: World, 1971), 146.
20. Victor Ernest: *I Talked with Spirits* (Yo Hablé con Espíritus) (Wheaton, Ill.: Tyndale, 1970), 38.
21. Holzer: *Life After Death* (Vida Después de la Muerte), 121. También relatado en entrevistas.
22. William F. Barrett:, *On the Threshold of the Unseen* (En el Umbral de lo Invisible) (New York: Dutton, 1918), 184.
23. Holzer, *ESP and You* (PES y Tú), 73-74.
24. Irving Litvag, *Singer in the Shadows (Cantante en las Sombras)* (New York: Macmillan, 1972), explora detalladamente el fenómeno Patience Worth/Curran.
25. Así se afirma frecuentemente en los recuentos publicados que he leído y en las experiencias de personas que he entrevistado.
26. Chelsea Q. Yarbro: *Messages from Michael* (Mensajes de Michael) (New York: Berkley, 1979), 45, 247-250.

27. S. E. McClelland, "Demon, Demon Possession"(Demonio, Posesión Demoníaca), en *Evangelical Dictionary of Theology*, Ed. Walter A. Elwell (Grand Rapids: Baker, 1984), 307.

28. Harold Sherman: *Your Mysterious Powers of ESP* (Sus Poderes Misteriosos de PES) (New York: World, 1969), 118

29. Ibid., 137. Los casos son citados en las páginas 120-137.

30. Harold Sherman, carta al autor, 29 de septiembre de 1972.

31. Robert H. Ashby, *The Guide Book for the Study of Psychical Research* (El Libro Guía para el Estudio de Investigación Psíquica) (New York: Weiser, 1972), 174.

32. Hugh Cayce, carta al autor, 4 de mayo de 1972.

33. Grace C. Fogg, carta al autor, 27 de mayo de 1992. Grace Fogg es una investigadora de Edgar Cayce Foundation.

34. Milbourne Christopher: *ESP, Seers and Psychics* (PES, Videntes y Psíquicos) (New York: Crowell, 1970), 131.

35. William F. Barrett, "On Some Experiments with the Ouija Board and Blindfolded Sitters" (En Cuanto a Algunos Experimentos con la tabla Ouija y Asistentes Vendados), en *Proceedings of the American Society for Psychical Research* (Procedimientos de la Sociedad Americana para la Investigación Psíquica) (Sept. 1914): 381-394.

36. Ibid., 382-385, 392.

37. Ibid., 392-393.

38. Ibid., 393-394.

39. Barret: *On the Threshold* (En el Umbral) 181.

40. Horace Westwood: *There is a Psychic World* (Hay un Mundo Psíquico) (New York: Crown, 1949), 23-24.

41. Hester Traver Smith: *Voices from the Void* (Voces del Vacío) (New York: Dutton, 1919), 18-24, 41-42, 76-78.

42. Ibid., 78.

43. Darby and Joan, *Our Unseen Guest* (Nuestro Huésped Invisible) (Los Angeles: Borden, 1943), 28-31.

44. Kathryn Ridall, *Channeling: How to Reach Out to Your Guides* (Canalización: Cómo Comunicarte con Tus Guías) (New York: Bantam, 1988), 50.

45. Yarbro: *Messages* (Mensajes), 34. Otra manifestación se describe en la página 35.

46. E. L. Quarantelli y Dennis Wenger, "A Voice from the Thirteenth Century (Una Voz del Siglo Trece): Características y Condiciones para

la Aparición de un Culto a la Tabla Ouija", *Urban Life and Culture* (Vida Urbana y Cultura, enero de 1973): 385.

47. William Peter Blatty, *I'll Tell Them I Remember You* (Les Diré que te Recuerdo) (New York: Norton, 1973), 169-172.

48. William Stevens, *Psychics and Common Sense* (Psiquis y el Sentido Común) (New York: Dutton, 1953), 164-165.

49. Harold Sherman, carta al autor, 29 de septiembre de 1972.

50. Covina, *Ouija Book* (Libro de la Ouija), 123.

51. Larry Fogg, declaración escrita y carta al autor, 27 de febrero de 1985.

52. Elizabeth J. Aydon, carta al autor, 12 de mayo de 1992.

53. James A. Pike and Diane Kennedy, The Other side [El Otro Lado] (Garden City, N.Y.: Doubleday, 1968), 102.

54. Ibid., 102-103.

55. Hereward Carrington, *The Problems of Psychical Research* (Los Problemas de la Investigación Psíquica) (New York: Dodd, Mead, 1921), 249.

56. Stevens, Psychics, 164, 183, 194-196. Litzka R. Gibson y Walter B. Gibson, *The Mystic and Occult Arts* (La Mística y las Artes Ocultas) (West Nyack, N. Y.: Parker, 1969), 117.

57. Yarbro, *Messages* (Mensajes), 45.

4

Desarrollo Psíquico, y el Peligro de Quedar Atrapado

Quienes no están informados, y son ingenuos, se sienten atraídos por la tabla Ouija como un juego o juguete que pueden utilizar como una fuente de diversión inocente. Esta impresión inicial es fomentada por la propaganda de Parker Brothers, y la clase de almacenes que venden la tabla, tales como farmacias, jugueterías, almacenes por departamentos y hasta supermercados. Desde mediados de la década de los 60, la tabla Ouija se ha vuelto cada vez más popular entre los jóvenes. El *Wall Street Journal* informó: "Funcionarios de F. A. O. Schwarz, el almacén de juguetes de Nueva York, dicen que los jóvenes son los mayores compradores de la tabla. Ellos le preguntan a la Ouija por sus novios y los exámenes del colegio", afirman los expendedores.[1]

Para verificar la atracción de la tabla Ouija entre los jóvenes, hice entrevistas personales y encuestas entre mis compañeros de universidad en 1972, 1985 y 1992. Aproximadamente el 95 por ciento de estudiantes encuestados conocía la tabla, y muchos se habían interesado en ella. Algunos estaban aún más seriamente involucrados. Más de la mitad de los estudiantes indicaron que tenían amigos, padres o familiares que habían usado la tabla Ouija.

El público se siente seducido a usar la tabla por las promesas de que ella les permitirá explorar sus subconscientes, comunicarse con sus seres fallecidos, sintonizar guías espirituales humanos o sobrenaturales. Algunos participantes que usan la tabla para tales propósitos, experimentan serias dificultades. El uso de la tabla Ouija, o de instrumentos parecidos, puede resultar en "desarrollo" psíquico. Desde el punto de vista cristiano, tal "avance" es espiritualmente enfermizo debido al peligro de ser atrapado por lo oculto. Entre más traten los usuarios de desarrollar sus poderes psíquicos, y de experimentar el fenómeno sobrenatural, es mucho más probable que se vuelvan dependientes de la tabla. Si un espíritu guía es contactado, tal dependencia fortalece la influencia del guía sobre el operador. Cuando el control es serio, el usuario tiene poco o ningún poder para operar independientemente, cerrarse a insinuaciones o voces, o resistir ataques. Los participantes serios pueden encontrar que ya la tabla no es necesaria para oír, o vocalizar mensajes. La última etapa del uso serio de la tabla Ouija puede resultar en *posesión*. Los usuarios pueden avanzar relativamente rápido del aparente uso inofensivo de la tabla a la posesión.

Opiniones de Raupert y Ebon en cuanto al Desarrollo Psíquico y al quedar Atrapado

El excelente artículo de John Godfrey Raupert "The Truth About the Ouija Board" (La Verdad en Cuanto a la Tabla Ouija), escrito durante un anterior resurgir espiritista, explica con claridad la naturaleza del desarrollo psíquico y el atrapamiento. Raupert, miembro de la Society for Psychical Research (Sociedad para la Investigación Psíquica), escribió el tratamiento después de investigar directamente, y familiarizarse con el tema. Aunque el artículo fue publicado en 1918, hoy es tan importante como cuando apareció por primera vez. Varias secciones claves son citadas a continuación.

> Al comienzo del experimento y antes de que la mente haya alcanzado cualquier alto grado de pasividad, los mensajes pueden ser completamente normales, y la mente subconsciente, ligeramente despierta, se vuelve activa, y automática e inconexamente comunica algunos de sus contenidos mediante la pequeña tabla, o el lápiz. Puede incluso afirmar falsamente que es una personalidad independiente, el espíritu de un amigo o familiar fallecido, en especial si quien experimenta se inclina con fuerza a esta creencia, e inconscientemente la sugiere a la mente subconsciente. Por lo general, la mayor proporción de mensajes divertidos y respuestas a preguntas a las que todos estamos acostumbrados, se recibe cuando ese grado moderado de pasividad ha sido alcanzado y donde, como consecuencia, la persona que tiene la experiencia no sospecha del peligro, o de estar en un terreno peligroso. La tabla puede hacer una ligera broma de acuerdo con el temperamento peculiar de la persona, tal como producir sorpresa diciendo la edad y otras particularidades desconocidas para otros, sobre una persona presente, o desarrollar una variedad de hazañas, provocando el mayor asombro posible. Y una inteligencia independiente puede, claro está, ser conectada con lo que ellos producen desde el mismo comienzo. Pero mientras las afirmaciones hechas no contengan nada extraño a la mente de quien está experimentando con la tabla, y no respondan a las preguntas que pudieran no haber sido proyectadas del depósito subconsciente, no hay una razón *válida* para presumir la presencia de una inteligencia externa.
>
> Sin embargo, en proporción, a medida que continúan los experimentos, y que la mente se vuelve más pasiva y letárgica, el fenómeno comienza a cambiar su carácter, e imperceptiblemente a pasar de lo natural a lo inexplicable. Aunque continúa la actividad auto-

mática subconsciente, de repente se incorpora un mensaje aquí y allá, lo cual es sorprendente, y con frecuencia, considerado de inmediato como algo que no hace parte de la propia unidad mental de la persona que experimenta. Se comentan con precisión sucesos que tienen lugar en la distancia. Se hacen revelaciones en cuanto a la naturaleza, quehaceres y aventuras íntimas de personas conocidas sólo por quien está experimentando. Se dan mensajes, claros y definitivos, indicando conocimiento e información completamente fuera del alcance de la propia mente del escritor, los cuales son comunicados de tal forma que sugieren la presencia de una mente crítica y observadora, y de un juicio completamente en desacuerdo con quien está experimentando.

Cuando en vista de tales comunicaciones asombrosas se hacen más preguntas, la respuesta generalmente específica, es que el espíritu de algún amigo o pariente fallecido de quien experimenta está presente, que él ha hallado este sencillo medio de comunicación, y que está ansioso por cultivar las relaciones así establecidas para beneficio del experimentador, y a largo plazo, de toda la raza humana. Como no es una bendición del más alto orden, urge obtener evidencia de que los seres queridos fallecidos están en realidad vivos, y a nuestro alrededor, y, ¿no es perfectamente lícito para nosotros recibir de ellos consejo y orientación, no sólo en cuanto a algunos de los mayores problemas de la vida, sino también en cuanto a nuestras preocupaciones y ansiedades temporales inmediatas? Después de un período, generalmente se da instrucción en cuanto a la forma como se puede obtener un mayor grado de pasividad, y cómo esta clase de relación entre el mundo visible y el invisible, puede hacerse más perfecta y ventajosa.

La persona que experimenta, fascinada por estas comunicaciones, y convencida de que ha hecho un grande y valioso descubrimiento, adopta de buena gana el consejo dado, y recurre a la tabla Ouija habitual y sistemáticamente. Cualquier duda expresada por otros sobre la *verdadera* fuente de los mensajes o el carácter e integridad de los espíritus que operan, es rechazada con una sonrisa de desprecio, afirmando que los mensajes no respiran sino bondad y benevolencia, y que no se puede esperar daño de una madre, hermana o amigo fallecido...

La comunicación con los "amigos" del mundo invisible ahora se vuelve el interés y la ocupación más emocionante y absorbente, a la cual todos los otros deberes e intereses están subordinados.

En la proporción en que el vigor físico y, por consiguiente el poder de resistencia y de la voluntad declina, y la pasividad y la apatía aumentan, el espíritu gana un acceso más directo a la mente, dirige e influencia su operación, y obtiene con el tiempo el control completo de ella. Cuando este control ha sido efectuado, y el poder de resistencia ha sido completamente vencido, la mente se vuelve cada vez más susceptible a la sugestión, y menos capaz de ejercer, con respecto a esto, un poder discriminatorio y controlador. Entonces los mensajes aparecen con gran regularidad y concisión inmediatamente cuando el experimentador toca la tabla, pero se considera que el grado moral de ellos ha experimentado un gran cambio. Desde el punto de vista de una mente normal y saludable son claramente inmorales y maliciosos en su intención y carácter. Pueden referirse a un esposo o esposa cuya lealtad es cuestionada, o pueden crear sospechas en cuanto a los motivos que llevaron a la acción a los amigos o parientes, especialmente si sucede que se oponen a estos experimentos. O, en el caso de jóvenes, el mensaje puede insinuar que las leyes de moralidad establecidas son, después de todo, sólo leyes convencionales, hechas por el hombre, y que no es necesario ser tan estrictos; que ciertos instintos otorgados a la naturaleza humana fueron impartidos por Dios, y pueden ser obedecidos lícitamente, y que ha llegado el momento cuando el hombre ya no debe tolerar más la esclavitud por medio de estas cadenas de tiempos pasados. Los principios, costumbres y prácticas cristianos son ridiculizados, y declarados obsoletos y anticuados.

Estas sugerencias son hechas de la forma más sutil, en lenguaje elevado, recurriendo a la imaginación juvenil y a tendencias peligrosas latentes en todos los hombres. Cuando se guarda en la mente que el consejero invisible que hace las sugerencias, se considera un padre o madre bondadoso que sólo puede desear el bienestar de su hijo, y que el poder discriminatorio del experimentador se pierde, uno se puede imaginar qué tan lejos puede llegar esta clase de daño.

A medida que avanza el "desarrollo psíquico" toda la naturaleza mental y moral del que experimenta se vuelve desordenada. El descubre, a un alto costo personal, que si bien le fue fácil *abrir* la puerta de la mente para que fuera invadida, es difícil, si no imposible, *cerrar* esa puerta y expulsar al invasor. Porque el impulso de comunicar o escribir ahora se impone incesantemente en todo momento del día, en medio de toda ocupación, y al final, hasta en la noche, ya sea con el despertar repentino de la víctima, o no permitiéndole conciliar ningún sueño renovador. El resultado frecuente y final es una condición lamentable de colapso mental y moral que a menudo termina en suicidio o locura.[2]

En su introducción a *The Satan Trap: Dangers of the Occult* (La Trampa de Satanás: Peligros de lo Oculto) el reconocido autor Martin Ebon, presenta un panorama más reciente de este fenómeno.

Todo puede tener un comienzo bastante inofensivo; quizá con una tabla Ouija o una paso más adelante, con "la escritura automática". Cada vez hay más casos de mujeres u hombres que siguen tales "mensajes" con obediencia similar a la de un esclavo...

> La obsesión por la tabla Ouija muestra un patrón general. Alguien comienza a jugar con ella "por diversión", y otros se unen con alegría en general... Con frecuencia la Ouija les dará información sorprendente, diciendo cosas que sólo "yo sabía", estableciendo credibilidad o identificándose como alguien fallecido.
>
> Es común que la gente que se involucra en este tipo de juego crea que es "escogida" para una tarea especial. Directamente, o por implicación, así lo dirá con frecuencia la tabla Ouija. Puede hablar de "pruebas" que los asistentes a las sesiones deben pasar para mostrar que ellos son "merecedores" de esa atención del otro mundo... Con bastante frecuencia la Ouija se vuelve vulgar, abusiva o amenazante. Cada vez se torna más exigente y hostil, y los asistentes pueden concentrarse usándola, o practicando la escritura automática, de una forma compulsiva, como si estuvieran "poseídos" por un espíritu, o escuchando voces que los controlan y les ordenan.
>
> Esto ya no es raro. Yo diría que ahora es tan frecuente que es común.[3]

Casos de Desarrollo Psíquico y Atrapamiento

Para ilustrar cómo la búsqueda del desarrollo psíquico o guías espirituales, mediante la tabla Ouija, puede llevar a la persona a ser atrapada, debemos examinar varias experiencias verídicas de sus usuarios. Harold Sherman registra varios casos en donde el progreso psíquico (atrapamiento) condujo a la invasión de la personalidad,[4] ya sea a través de la escritura automática o la tabla Ouija. Sherman resume algunas características del atrapamiento, así:

> Es una comunicación que comienza bajo el disfraz de mensajes espirituales y filosóficos, que atraen fuertemente a las personas que los reciben, y después, ya sea sutil o abruptamente, pasan a escrituras profanas y obscenas, o "voces directas" y sentimientos sensua-

les de una naturaleza tan repugnante como para aterrorizar a quienes son así influenciados.[5]

Sherman señala que estos usuarios eran personas de inteligencia, educación, cultura, carácter y refinamiento.[6] En un relato, él habla de una joven cuyo novio murió en un accidente de tránsito. Su primer intento de ponerse en contacto con él, a través de la tabla Ouija, dio la impresión de tener un éxito inmediato. El contacto afirmó ser el joven fallecido, y esto animó a la madre, la hija, y su hermana a operar la tabla durante horas. Pero la madre comenzó a sospechar que el espíritu sólo estaba fingiendo ser el joven, debido a que algunos mensajes tenían un matiz de maldad. Ella escribió:

> Seguíamos utilizándola, aunque fue sugerida la escritura automática. Me senté una noche y comencé a escribir con una mano extraña, no la mía. Recuerdo que la primera frase fue: "Yo soy un nuevo espíritu del infierno". Eso me asustó, pero seguí escribiendo...
>
> También nos dimos cuenta de que podíamos lograr el movimiento de las cosas... Colocando nuestros dedos sobre ellas sin empujar, alguna otra fuerza lo hacía...
>
> Mi hija me dijo que sus manos y brazos comenzaron a moverse una noche después de que se fue a dormir...
>
> Yo también noté que mis brazos y manos se movían después de acostarme. Mientras tanto, los mensajes tales como "M. R. está parcialmente en tu mente", comenzaron a asustarme más y más. Siempre que usábamos la tabla, el espíritu se identificaba como "M. R".
>
> Una noche, después de un poco más de escritura automática, creí escuchar una voz tenue; como mis hijas realmente me hablaron, esta voz respondió en mi mente... Más tarde se me "dijo" que yo podía oír la voz todo el tiempo, pero ese ser prefería escribir...
>
> Ya no podía dormir mucho, debido a que ese espíritu, o "lo que fuera", se mantenía comunicando todo el tiempo, durante horas.

> El horror fue aumentando... pero no podía entender por qué nunca estaba cansada o con sueño al día siguiente después de una noche sin dormir. Sin embargo, llegó una noche cuando no dormí nada y como a las cinco de la mañana la voz volviéndose cruel y ofensiva comenzó a maldecir...
>
> ...Después de haber sacado eso de mi mente, unas noches después me acosté, pero se me impidió dormir durante toda la noche. Fui sujeta al estímulo sexual más poderoso que jamás había conocido, sin poder hacer nada para detenerlo...
>
> El Domingo de Ramos por la mañana, desperté y de nuevo estuve experimentando esa estimulación sexual. Mi cuerpo se movía violentamente de un lado a otro. Luego me vi boca arriba, y como si estuviera siendo atacada, sólo que allí no había nadie, que yo pudiera ver.
>
> Comencé a rezar de nuevo, y eso se detuvo.[7]

Este relato proporciona objetivamente un ejemplo típico de lo que puede suceder cuando la tabla Ouija es utilizada.

El siguiente caso fue tomado de los archivos de correspondencia de la Association for Research and Enlightenment (La Asociación para la Investigación y el Esclarecimiento), que se me permitió leer. Esta mujer escribió:

> Los tiempos más extraños de mi vida finalizaron hace como cuatro meses, siendo los últimos tres los más atroces y espantosos.
>
> ...Debo decir cómo empezó todo esto. Pedí prestada una tabla Ouija para una fiesta, y pregunté si la podía tener por dos semanas sólo para jugar con ella.[8]

La mujer descubrió que la podía operar sola con un espíritu controlador llamado Phoebe, que se volvió dominante.

> A la semana ya podía hablar y recibir mensajes rápidamente...

...Cuando iba a devolver la tabla, dos semanas después, Phoebe me dijo que podía conversar con ella simplemente diciendo las palabras en mi mente, y escuchando las respuestas.

...A partir de entonces quedé enredada en un mundo de espíritus, que por ningún motivo eran "angélicos".

Cuando rezaba, en una fracción de segundo mis palabras eran traducidas, pero con un significado completamente diferente. Estaba segura de que trataban de romper mi patrón de oración, y lo hicieron de tal forma que durante varios días no pude rezar, y casi estaba en su poder... Si no hubiera tenido la confianza implícita en nuestro Padre Celestial, y si El no se hubiera hecho cargo de mi supervivencia, creo que mi mente no hubiera aguantado esos ataques.

Las varias docenas de cartas que se me permitió leer en los archivos de A. R. E., compartían patrones similares de desarrollo y atrapamiento. En 1956 Hugh Lynn Cayce recibió cartas de 274 personas que habían encontrado serios problemas por la escritura automática, o el uso de la tabla Ouija.[9] Para 1972 Cayce aún recibía muchas cartas de personas que tenían "serias dificultades como resultado de ensayar tablas Ouija y la escritura automática". En 1992 Grace Fogg, investigadora de la Fundación Edgar Cayce confirmó que la afirmación de Cayce "aún es cierta hoy".[10]

El siguiente relato tipifica a los usuarios de la tabla Ouija que comparten una opinión espiritista, y aceptan sus mensajes como comunicaciones auténticas del reino sobrenatural. La señora Doris Buckley explica cómo ella y su esposo, Dan, se unieron a la Sociedad Teosófica en 1946, de la cual más tarde se separaron por estar demasiado ocupados. Después de trasladarse de California a Oregon, conocieron varios hombres que estaban interesados en el ocultismo, el misticismo y la metafísica. Este círculo se convirtió en el núcleo de un grupo de discusión y estudio.

En junio de 1956, un amigo de uno de los miembros del grupo de discusión le preguntó a los Buckleys: "¿Han probado el uso de la tabla Ouija?" Ellos admitieron haberla usado en el pasado, pero que ahora se encontraba en el ático, y su indicador se había perdido. La pareja recuperó la tabla y reemplazó el indicador por una moneda de dólar. Dan y su amigo comenzaron a operarla. La señora Buckley registró sus experiencias y "progreso" durante las siguientes semanas.[11]

> A medida que se acostumbraban a usarla aparecieron unas cuantas observaciones casuales deletreadas en ella. Luego vinieron unos cortos mensajes dirigidos a quienes estábamos presentes. Estas eran observaciones que indicaban un conocimiento personal de la persona a quien le hablaba... finalmente, se hizo evidente que la tabla trabajaba mejor solo con Dan. Como sucedía con frecuencia, muchas veces sólo él y yo estábamos presentes para recibir los mensajes, lo cual me dejaba libre para anotarlos.
>
> El 12 de julio, quien sería nuestro maestro por un tiempo, se anunció: "Walter Norton a su servicio. Fallecí en 1937 en el país de los escoceses".
>
> Le hicimos unas cuantas preguntas referente a él, y si tenía un mensaje para nosotros.
>
> "Sí", respondió, "sugiero que Doris y su madre vayan al campamento de la Nueva Era este fin de semana. Es muy importante".
>
> El campamento de la Nueva Era es un lugar cerca de Portland, Oregon, donde se practica el espiritismo...
>
> Fuimos al campamento de la Nueva Era... Presenciamos y experimentamos comunicación con personas, o seres que dejaron de vivir en el plano terrenal, pero quienes parecían muy vivos cuando nos hablaban por medio de un médium... Con esta introducción estábamos mejor preparados para aceptar y utilizar las experiencias que vendrían.

Durante el resto del mes de julio, tuvimos muchas comunicaciones con Walter Norton, por medio de la tabla Ouija.[12]

El 3 de agosto, el espíritu les dio instrucciones de disminuir la intensidad de las luces en el cuarto a fin de que ocurriera un nuevo fenómeno. Todas las luces fueron apagadas quedando iluminado el cuarto solamente por una lámpara de la calle.

Dan exhaló un suspiro, se recostó en su silla y cerró los ojos como si se hubiera dormido. Aún con los ojos cerrados, minutos después se sentó derecho y comenzó a hablar con una voz que no era la suya.

"Walter Norton hablando a través de Dan Buckley. Esto llevará un tiempo. Dan es nuevo en esto, así que no esperen resultados perfectos. Muy especialmente, Doris debe buscar luces y una posible manifestación de su abuela".

...Más tarde, cuando Dan salió del trance, su visión clarividente había sido abierta, y podía "ver" a mi abuela detrás de mí tratando de hablarme... Pero yo no podía verla o escucharla.

A partir de ese momento, otros maestros vinieron a nosotros, a veces por medio de la tabla Ouija, a veces en un trance. Dan usualmente comenzaba con la tabla, y luego entraba rápidamente en trance.[13]

Otros "maestros" iban y venían. "Se nos dieron maestros de otros planetas en el universo, tales como Saturno... Venus... Júpiter".[14]

Yo intercambiaba correspondencia con un hombre, a quien llamaremos Chris, y quien desarrolló un interés en lo oculto cuando estaba en la universidad.[15] Dos de sus amigos que usaban la tabla Ouija afirmaban haber visto apariciones y otros fenómenos psíquicos. Aunque inicialmente esceptico, Chris se unió a las sesiones junto con un grupo de cuatro a seis estudiantes que con el tiempo fueron testigos de la actividad de espíritus. El estudió materiales sobre los fenómenos psíquicos, y la literatura que encontró en la Universidad de Duke sobre PES, fue aumentando credibilidad a lo que observaba durante las sesiones.

Ciertos miembros del grupo consultaban los médium que experimentaban trances para contactar el mundo espiritual, y Chris decidió probar la hipnosis en su búsqueda del conocimiento espiritual. Uno de sus amigos hipnotizó con éxito a la novia. Al principio sus esfuerzos no tuvieron éxito, pero una noche cuando ella estaba en profundo trance, una voz extraña anunció que el mundo espiritual estaba observando sus experimentos con gran interés, y los animó a continuar. Espíritus con voces masculinas y femeninas hablaron, y podían distinguirse por sus diferentes acentos y peculiaridades. Este método de contacto espiritual ahora se denomina canalización.

Chris decidió aprender hipnosis, y luego trató de hipnotizar a su propia novia, teniendo éxito la primera vez. Después de unas cuantas semanas, pudo establecer contacto en pocos minutos, y tener largas conversaciones que duraban más de una hora. Con frecuencia la chica estaba cansada y emocionalmente perturbada después de una sesión. "John", el contacto espiritual primario, afirmaba ser un pariente distante de Chris, ya fallecido. Otras personalidades espirituales, tanto buenas como malas, anhelaban unirse a las sesiones, pero a los espíritus de las personas que habían sido inmorales durante su vida terrenal, sólo se les permitía hablar de vez en cuando. La mayoría de las discusiones permanecían en un alto plano intelectual y moral. Los espíritus contacto explicaron que había una jerarquía espiritual determinada, y describieron a Dios como una luz gloriosa y lejana, pero nunca mencionaron a Cristo, y la mayoría de discusiones teológicas estuvieron limitadas a la reencarnación. Una noche Chris conversó largo rato con un profesor de psicología "recientemente fallecido" cuya área de experiencia era la esquizofrenia y las múltiples personalidades. El profesor afirmó que tal fenómeno era el resultado de la reencarnación, y describió prominentes figuras históricas, tales como Hitler y Stalin, quienes formaban parte de este proceso de renacimiento.

Chris llegó a depender de los espíritus, y buscaba en ellos orientación para cada área de su vida. De hecho, difícilmente tomaba alguna decisión sin pedirles su consejo. Su novia experimentaba con la escritura automática. El espíritu que controlaba era tan fuerte que ella no podía detener su mano, y hasta escribía con la otra. El lápiz o el papel se rompían. Una noche la chica entró en trance sin que Chris la hipnotizara. "John" les informó que él estaba tomando la iniciativa de contacto, y comenzó a venir sin ninguna señal externa y sin que la chica estuviera consciente de su presencia. A veces Chris no estaba seguro en cuanto a quién era el que hablaba, pero dirigió sesiones espiritistas una o dos veces a la semana durante casi un año. Las sesiones dejaban a la chica nerviosa y perturbada, hasta que finalmente su salud comenzó a deteriorarse. Por consiguiente, él dejó su actividad espiritista, y con el tiempo la tensión destruyó su relación.

Chris trató de llenar su vacío espiritual usando otros médium, pero sin éxito. Finalmente Dios lo confrontó con el Evangelio y se convirtió. Jesús llenó entonces ese vacío con la paz y satisfacción que él buscó vanamente en el espiritismo. Cuando comenzó a estudiar la Biblia, Chris reconoció la semejanza entre la posesión demoníaca y sus experiencias en las sesiones espiritistas. Su motivación básica para compartir este infeliz episodio conmigo fue la de ayudar a prevenir que alguien más quedara atrapado y dominado por lo oculto.

Alan Vaughn es un investigador y escritor de lo paranormal psíquico, y más recientemente canalizador.[16] Su única experiencia significativa con la tabla Ouija comenzó en noviembre de 1965 cuando era editor de ciencia para una editorial de textos en Nueva York. Como escéptico confirmado, Vaughn afirmó: "El fenómeno psíquico y lo sobrenatural sencillamente no existe... y no es sino el producto de la mente primitiva y la mala interpretación del fenómeno natural... Además, nunca he tenido una experiencia psíquica, ni conozco a alguien que jamás haya tenido una. Fue un caso clásico de profunda ignorancia".

Vaughn se enteró de la tabla Ouija por su amiga Delores, quien informó haber recibido "mensajes misteriosos". El y su amiga Annalene, que se encontraba en el hospital, intentaron jugar con la tabla, pero no funcionó. Después de que Annalene fue dada de alta, de nuevo ensayaron la tabla, y esta vez la planchette se movió rápidamente en respuesta a sus preguntas. Las respuestas, de acuerdo a las declaraciones de Vaughn, estaban por encima de su conocimiento. Como resultado, la tabla Ouija se convirtió en su compañía constante.

Vaughn invitó tres amigos a una sesión espiritista en su apartamento. El contacto "Z", dijo ser un hombre, pero se negó a dar más información personal. Vaughn se sintió impresionado por ese contacto.

> "Z" en realidad parecía un ser espiritual, y esta convicción brotó más de un sentimiento real que yo tenía de su presencia, que de sus palabras. En cierta forma, que no pude explicar en ese momento porque su esencia de personalidad era más palpable para mí, que la de las personas vivas que estaban en el cuarto, experimenté la sensación de una gran compenetración con él, y me sentía cómodo en su presencia. "Z" parecía ser muy sabio.[17]

Al siguiente día Vaughn operó la tabla solo, y recibió el mensaje de un espíritu llamado "Nada", quien le relató una breve historia personal. Estaba tan impresionado por la fuerte presencia de "Nada", que telefoneó a un amigo para que fuera testigo del evento, pero no hubo respuesta. Entonces, Vaughn dijo: "Hice lo más estúpido de mi vida. Le pedí a "Nada" que entrara en mi cuerpo, y me llevara a donde estaba ese amigo... Tuve una extraña sensación en mi cerebro. Una fuerza de alguna especie, ahora estaba pronunciando palabras que podía oír en mi mente.

Vaughn siguió sintiendo la presencia de "Nada" mientras buscaba un testigo. Finalmente le pidió a su novia

Glenna que se uniera a él para operar la tabla, pero ésta no funcionó. Cuando él la utilizó solo, "Nada" volvió y le dijo que había sido Pocahontas en una reencarnación previa. Como Vaughn tenía dudas, animó a Glenna a operar la tabla sola. "Z" apareció otra vez, y le advirtió: "Terribles consecuencias, posesión". Como resultado de este mensaje, Vaughn se asustó mucho.

Al siguiente día Vaughn y Glenna visitaron a su amigo Harold, y le relataron sus experiencias con la Ouija. Aunque el contacto con la tabla no tuvo éxito, Vaughn sintió urgencia de tomar un lápiz y escribir: "Cada uno de nosotros tiene un espíritu mientras vive. No se entrometan con los espíritus de los muertos. Puede llevar a consecuencias terribles". Vauhgn fue liberado de su posesión cuando "Nada" y "Z" fueron exitosamente expulsados. Luego relata: "Miré otra vez la Ouija, y sentí asco de ella. 'Destruye esa cosa', ordené. Amablemente Harold la arrojó a un incinerador. Así finalizó mi experimentación con la Ouija".

Aunque la tabla Ouija fue destruida, Vaughn siguió aterrorizado. ¿Y si "Nada" regresaba? "Bajo el terror más infame que jamás hubiera experimentado, pasó tres noches temblando y sin poder dormir". Hasta se preguntó si se estaba volviendo loco. Con el paso del tiempo, y como resultado de su experiencia con la Ouija, Vaughn estudió en la Society for Psychical Research (Sociedad para la Investigación Psíquica, en Londres), y más tarde se convirtió en un parasicólogo de tiempo completo. Jon Klimo observó recientemente que Vaughn "pensaba que la canalización era una tontería hasta que 'Li-Sung' entró a su vida hace cuatro años".[18]

Influencia de la tabla Ouija en la Política, la Psicología y la Literatura

El poder e influencia de la tabla Ouija no están limitados únicamente a personas o miembros de grupos ocultistas. Importantes figuras en el campo de la política, la psicología y la literatura han estado seriamente afectadas por el uso de la tabla, según lo demuestran los siguientes ejemplos. La importancia de estos personajes y sus movimientos ha extendido el dominio de la Ouija al público en general, mediante variadas formas, especialmente por la influencia de Alcohólicos Anónimos.

Política. Robert Somerlott, experto en ocultismo moderno, quien vivió en Méjico y viajó por muchos países de latinoamérica, relacionó la Revolución Mejicana de 1910, con el uso de la tabla Ouija.

> La Ouija no siempre se ha comportado como un juguete, y su efecto en el usuario puede ser impredecible. Francisco I. Madero, quien emprendió la principal revolución mejicana de 1910, y fue presidente del país por un breve tiempo, hasta su asesinato, había sido informado por la planchette que alcanzaría la posición más alta de la nación; un logro posible únicamente mediante la revolución. Consecuentemente, Madero condujo la revolución, y la dictadura Díaz fue derrumbada. Biógrafos "patrióticos" han minimizado la creencia ocultista del presidente mejicano, que obviamente era grande.[19]

Otras fuentes confirman el involucramiento de Madero con el espiritismo. El Dr. Charles C. Cumberland, en su libro, *Mexican Revolution, Genesis Under Madero (Revolución Mejicana, Génesis bajo Madero)*, lo identifica "como un líder del espiritismo en México".[20] Hubert Herring también se refiere a las prácticas espiritistas de Madero.

> La redención mexicana se retrasó, y Madero resultó ser un instrumento frágil. Por medio de los mensajes con golpecitos que provenían del mundo espiritual, él tenía la seguridad de que estaba destinado para la tarea, pero los espíritus no le advirtieron que la salvación nacional no siempre tiene en cuenta la balota australiana.[21]

Mackenzie King (1874-1950) cuyo período final duró desde 1935 hasta 1948 ocupó la posición de primer ministro de Canadá más tiempo que ningún otro. Después de su muerte, Blair Frazer escribió un artículo titulado: "The Secret Life of Mackenzie King, Spiritualist" (La Vida Secreta de Mackenzie King, Espiritista).

> King creía posible la comunicación con los difuntos, y que él mismo había hablado muchas veces más allá de la tumba con su madre, hermano, hermana y amigos tales como Franklin D. Roosevelt y Sir Wilfrid Laurier. Asistió repetidas veces a sesiones espiritistas, y tenía otras con diversos médium en Londres y otras partes.
>
> Para sus amigos íntimos no era un secreto que él tuviera esas creencias. En Ottawa algunos de ellos se unieron a él varias veces, para realizar sesiones con la tabla Ouija.[22]

King comenzó a llevar un diario en 1893, lo cual le permite a los investigadores reconstruir mucho de su vida privada.[23] Citaremos únicamente una de las numerosas obras escritas sobre él; el libro de C. P. Stacey, *A Very Double Life: The Private World of Mackenzie King (Una Vida muy Doble: El Mundo Privado de Mackenzie King).* Stacey fue profesor en Princeton y en la Universidad de Toronto. Dos de sus capítulos detallan el involucramiento espiritista de King. "Los lectores del diario de King encontrarán difícil descubrir cómo él y Joan Patteson operaban la pequeña tabla. Parece que él no dejó descripción de su técnica".[24] Stacey encuentra que "el avance de King en el espiritismo fue lento y gradual, y no se podría decir que lo abrazó completamente, sino hasta cumplir 58 años.[25] Desde entonces, el registro de este período de tiempo revela muchas visitas a los médium para sesiones espiritistas, y otro buen número con la "pequeña tabla".[26] Por lo menos en una ocasión King visitó a un médium "que usaba la tabla Ouija para tener conversaciones con personas del más allá".[27] Su nivel de educación (Ph. D de Harvard) y su alta posición política no lo eximió de involucrarse con la tabla Ouija.

Psicología Popular. Alcohólicos Anónimos (A. A.) es una organización internacional cuyo programa de 12 pasos ha sido adoptado por miles de alcohólicos y drogadictos. "La Biblia de los grupos de recuperación es los Doce Pasos, una serie de leyes que tienen matices morales, pero que están divorciados de la expiación, el perdón, la justificación y el poder del Espíritu. El idioma de la codependencia es el idioma de la enfermedad y la salud física".[28] En 1951 A. A. comenzó una red de apoyo en grupo para esposas de alcohólicos, denominada Al Anon, que extendió su concepto de codependencia y el programa de los 12 pasos por toda la población en general. Muchos de esos grupos se reúnen en iglesias locales. Los fundadores de este inmenso movimiento son el Dr. Bob Smith y Bill Wilson. Dos biografías de los cofundadores, publicadas por los Servicios Mundiales de Alcohólicos Anónimos, *Dr. Bob and The Good Oldtimers* y '*Pass It On*', revelan el involucramiento de ambos en el espiritismo desde el comienzo de la organización (1935), y durante los años siguientes. El capítulo 16 de '*Pass It On*' ofrece un excelente panorama de su involucramiento espiritista.[29] En las cartas de Bill a su esposa Lois "hay referencias a sesiones espiritistas y otros eventos psíquicos... Durante ese primer verano en Akron con los Smith, en 1935",[30] Bill experimentó una serie de contactos con los "difuntos". El más dramático sucedió durante una visita a la casa de un amigo en Nantucket Island en 1944, donde asegura que un número de seres conversaron con él. Bill afirmó que esta experiencia no fue una fantasía, sino que en realidad sucedió porque él pudo verificar la existencia anterior de tres de los visitantes.[31]

"En 1941, Bill y Louis sostenían 'sesiones espectrales' cada sábado en Bedford Hills. Uno de los cuartos del primer piso donde ellos dirigían muchos de sus experimentos psíquicos era denominado el 'cuarto espectral'".[32] Bill Wilson proporciona un relato de una de sus sesiones con la tabla Ouija:

> La tabla comenzó a moverse en serio. Lo que siguió fue justamente la acostumbrada experiencia; una extraña mezcolanza entre Aristóteles, San Francisco,

diversos arcángeles con nombres raros, y amigos fallecidos. ¡Algunos están en el purgatorio y otros ¡bien, gracias! Había malignos y dañinos de todas las descripciones, hablando de vicios completamente incomprensibles para mí, aun como antiguos alcohólicos. Los seres aparentemente virtuosos transmitían mensajes de bienestar, orientación y consuelo, pero a veces decían absolutos disparates.[33]

Bill también recibía mensajes sin la tabla. Su esposa describe una de esas sesiones:

> Acostado en el sofá, Bill "obtenía" esas cosas. Lo hacía más o menos cada semana. Cada vez ciertas personas "venían". A veces eran nuevas, y traían alguna historia. Aparecían frases largas, palabra por palabra. Esta vez, en vez de palabra por palabra, fue letra por letra. Anne, una vecina, las escribió letra por letra.[34]

La comunicación en este caso fue en Latín, un idioma que Bill apenas entendía. El le llevó el material a un especialista clásico quien leyó el mensaje y se impresionó.[35]

Bill Wilson escribió los ahora famosos "Doce Pasos".

> Cuando estaba acostado en la cama... con un lápiz en la mano y una libreta de papel amarillo en su rodilla... pidió orientación cuando comenzó a escribir y se relajó. Las palabras comenzaron a salir con sorprendente rapidez. Terminó su primer borrador en más o menos media hora, luego siguió escribiendo hasta que sintió que debía detenerse y revisar lo que había escrito. Al numerar los nuevos pasos, se dio cuenta de que sumaban 12, un número simbólico. Pensó en los 12 apóstoles, y pronto se convenció de que la Sociedad debía tener 12 pasos.[36]

Esta descripción de cómo fueron registrados los 12 pasos hizo que un escritor simpatizante de la canalización, especulara diciendo: "Por esta descripción, ¿se podría pensar que Bill pasó a su estado meditativo, y usó la escritura automática para "canalizar" los 12 pasos?"[37]

Tom asistía regularmente a las sesiones espiritistas, y sostenía que "Bill y el Dr. Bob creían enérgica y agresivamente. Ellos trabajaban de continuo con el espiritismo; no era simplemente un pasatiempo. El asunto se relacionaba con A. A., debido a que el gran problema en dicha organización tiene que ver con el hecho de que es difícil que un materialista compre el programa".[38]

Literatura Norteamericana del Siglo XX. Por lo menos dos reconocidos autores norteamericanos, James Merrill y Sylvia Plath, han consultado la tabla Ouija en busca de ayuda para la producción de poesía seria. La poesía de Merrill es notable por su volumen y su involucramiento a largo plazo con la tabla Ouija. La poesía de Plath es fruto de su experimentación con lo oculto.

James Merrill y su compañero David Jackson han usado la tabla Ouija desde 1953, y "obtuvieron buenos resultados.. la primera vez que experimentaron con ella".[39] Con los años surgió una obra de tres volúmenes con ayuda de la Ouija, *The Changing Light at Sandover* (La Luz Cambiante en Sandover). Esta trilogía de más de 500 páginas ganó el Premio Pulitzer de Poesía (1976), el Premio National Book (1979), y el Premio National Book Critic's Circle (1983).

> Escrito durante un período de cinco años, todo el poema es el registro de las muchas noches que el poeta y su compañero David Jackson pasaron atendiendo a la tabla Ouija. "The Book of Ephraim" (El Libro de Efraín) fue compuesto de 26 poemas separados, pero consecutivos, que corresponden al alfabeto de la tabla desde la A hasta la Z. "Mirabell: Books of Number" (Mirabell: Libros del Número) fue dividido en 10 secciones correspondientes a los números de la tabla, de cero hasta nueve. "Scripts for the Pageant" (Escrituras para el Espectáculo) que contiene tres secciones correspondientes al Sí y No de la tabla.[40]

Helen Vendler entrevistó a Merrill en 1979, y describe la obra y su transcripción, así:

Estas son conversaciones sostenidas, vía tabla Ouija, con amigos fallecidos y espíritus en "otro mundo". Merrill y ...Jackson reciben los mensajes que son transcritos letra por letra; Merrill luego edita y vuelve a escribir las transcripciones, que son puestas en un marco de narrativa autobiográfica y de reflexión personal. Los espíritus y los muertos hablan en mayúsculas, pero el poeta escribe en minúscula.[41]

Durante la entrevista, Vendler preguntó: "¿No podrían haber escrito esto sin la ayuda de la tabla Ouija, ya que todo proviene de su 'banco de palabras'?" A lo que Merrill contestó: "Posiblemente no". Respondiendo a otra pregunta en cuanto a por qué consideraba necesaria, la tabla Merrill contestó: "Usted puede considerar la tabla como un mecanismo demorado. Demora, en tiempo e idioma, lo que podría haberle venido a un santo o a un lunático en un cegador rayo".[42]

Durante el mes de julio de 1991 Merrill y Jackson apartaron nueve tardes consecutivas para recibir mensajes a través de la tabla Ouija. Conversaban, usualmente de uno en uno, con una serie de personajes literarios que incluían a Gertrude Stein, Alice B. Toklas, Colette, Jean Genet, William Carlos Williams, Elizabeth Bowen, y Henry James. El prolongado artículo que apareció en *The Paris Review* que cubrió estas sesiones de actividad Ouija, indica que Merrill y Jackson aún consideran la tabla muy seriamente, como aquellos miembros de la comunidad literaria que elogian la obra de Merrill.[43]

La mayoría de las transcripciones de Merrill y Jackson, son altamente subjetivas, y no se pueden verificar. Sus principales preguntas recibieron respuestas que iban desde ideas teológicas hasta detalles de carreras hechas por autores en vidas anteriores, y descripciones sexuales explícitas de un estilo de vida homosexual (Genet's).

La vida y obra atormentadas y violentas de Sylvia Plath, han sido tema de mucho estudio desde su muerte en 1963. Ella "fue un talento luminoso, autodestruida a la edad de 30 años, pero propensa a permanecer, parece, como una de las poetisas más interesantes de la literatura norteamericana".[44] Biógrafos y críticos literarios descubrieron en sus investigaciones la experimentación oculta de Plath, y su involucramiento con la tabla Ouija.

Estando casada con el poeta inglés, Ted Hughes, en una ocasión él le regaló de cumpleaños un juego de cartas del tarot. Ella "creía que su horóscopo indicaba que debía convertirse en una astróloga practicante".[45] El autor Paul Anderson cuenta que Sylvia y "Ted con frecuencia habían leído una tabla Ouija que ellos habían hecho con letras cortadas, una mesa de café y una copa de vino. Algunas noches, mientras operaban la tabla, conocieron una variedad de espíritus, con nombres tales como Keva, Pan y Jumbo".[46]

Plath y Hughes frecuentemente experimentaban dificultades financieras, razón por la cual optaron por "un esquema para producir ingresos, centrado en la tabla Ouija. Recientemente se habían puesto en contacto con un nuevo espíritu, G. A., quien les aseguró la capacidad de predecir el resultado en el juego de apuestas de los partidos británicos de fútbol cada semana, que acumulaba hasta 75.000 libras".[47] Las predicciones para los encuentros de un sábado fueron todas precisas, aunque fallaron en una.

En sus notas sobre la poesía de Plath, Hughes incluye un poema inédito de casi 600 líneas, del que afirma haber sido escrito por ella usando la tabla Ouija: "En el 'Diálogo Sobre una Tabla Ouija', que ella nunca publicó, aunque debe haber sido escrito entre 1957 y 1958, usó el texto 'espiritual' real de una de las sesiones con la Ouija".[48] Si este poema no fue bien conocido antes de 1991, vino a serlo después del ensayo crítico del profesor Timothy Materer, ganador de un premio. "Ocultismo como Fuente y Síntoma en 'Dialogue over a Ouija Board' (Diálogo con una Tabla Ouija), de Sylvia Plath" que fue publicado en el prestigioso periódico literario *Twentieth Century Literature* (Literatura del Siglo XX).[49]

Es lamentable que tanto Merrill como Plath dependieran de la tabla Ouija para algunos de sus escritos, y que sus obras (especialmente las de Merrill) recibieran tanta alabanza de la comunidad literaria.

Los anteriores ejemplos ilustran ampliamente los peligros que le esperan a quienes usan ingenuamente la tabla Ouija para desarrollar sus poderes psíquicos. Inicialmente los contactos espirituales parecen benignos, y pueden incluso ofrecer información correcta en cuanto al pasado y predicciones para el futuro, que con el tiempo resultan ser verdad. Pero la naturaleza de las comunicaciones y la influencia de los espíritus sobre el(los) operador(es) pueden derivar rápidamente en experiencias aterradoras y horribles, o hasta en posesión demoníaca. Es peligroso no sólo para las personas directamente involucradas con la tabla Ouija, sino para quienes son influenciados por la literatura, o los movimientos producidos por el uso de la tabla Ouija. Aun para los no cristianos los riesgos parecen ser mayores que cualquier supuesto beneficio.

Notas

1. *Wall Street Journal,* 17 de marzo de 1967.
2. J. Godfrey Raupert: "The Truth About the Ouija Board" (La Verdad sobre la Tabla Ouija), *Ecclesiastical Review (Repaso Eclesiástico),* Nov. 1918): 466-468, 474-475.
3. Martin Ebon, ed., *The Satan Trap (La Trampa de Satanás)* (Garden City: Doubleday, 1976), IX. Reimpreso con permiso de Doubleday.
4. Harold Sherman, *Your Mysterious Powers of ESP* (Tus Poderes Misteriosos de PES) (New York: World, 1969), 120-137.
5. Ibid., 119.
6. Ibid.
7. Ibid., 127-130.
8. Visité las oficinas en Virginia Beach, Virginia, en el otoño de 1972. Todas las citas subsiguientes vinieron de una carta de Mrs. R., fechada el 28 de septiembre de 1971.
9. Hugh Lynn Cayce: "Dangerous Doorways into the Unconscious" (Puertas Peligrosas al Inconsciente), *The Searchlight* (El Reflector) (Abril de 1959): 6.

10. Hugh Lynn Cayce, carta al autor, 4 de mayo de 1972; Grace Fogg, carta al autor, 27 de mayo de 1992.

11. Doris H. Buckley, *Spirit Communication for the Millions [Comunicación con espíritus para millones]* (Los Angeles: Sherbourne, 1967), 15-17.

12. Ibid., 17-19.

13. Ibid., 19-20.

14. Ibid., 20.

15. L. F., testimonio escrito y carta al autor, 27 de febrero de 1985.

16. El siguiente resumen viene de Alan Vaughn "Phantoms Stalked the Room" (Fantasmas Acechan el Cuarto), Martin Ebon Ed., *The Satan Trap* (La Trampa de Satanás) (Garden City: Doubleday, 1976), 155-165; también incluido en el escrito de Alan Vaughn, *Patterns of Prophecy* (Patrones de Profecía) (New York: Hawthorn, 1973), 3-5.

17. Ibid., 158.

18. Jon Klimo, *Channeling: Investigations on Receiving Information from Paranormal Sources* (Canalización: Investigaciones sobre Información Recibida de Fuentes Paranormales) (Los Angeles: Tarcher, 1987), 66.

19. Robert Somerlott: *"Here Mr. Splitfoot": An Informal Exploration into Modern Occultism* ("Aquí Mr. Splitfoot": Exploración Informal en el Ocultismo Moderno) (New York: Viking, 1971), 4.

20. Charles C. Cumberland, *Mexican Revolution, Genesis Under Madero (Revolución Mejicana, Génesis bajo Madero)* (New York: Greenwood, 1952), 33.

21. Hubert Herring: *A History of Latin America* (Una Historia de América Latina), 3ª Ed. (New York: Knopf, 1968), 339-340.

22. Blair Frazer, "The Secret Life of Mackenzie King, Spiritualist" *(La Vida Secreta de Mackenzie King, Espiritista) Macleans* (15 de diciembre de 1951): 8.

23. C. P. Stacey, *A Very Double Life* (Una Vida muy Doble) (Toronto: Macmillan of Canada, 1976), 9-10.

24. Ibid., 172.

25. Ibid., 162.

26. Ibid., 167-215.

27. Ibid., 169-170.

28. Edward Welch, "Codependency and the Cult of the Self" (Codependencia y el Culto al Yo), en *Power Religion* (Religión de Poder), Ed. Michael Scott Horton (Chicago: Moody Press, 1992), 222.

29. *Dr. Bob and the Good Oldtimers (El Dr. Bob y los Buenos Veteranos)* (New York: A. A., 1980), 311-312; *'Pass It On'* (New York: A. A., 1984), 275-285.

30. *'Pass It On', 275.*

31. Ibid., 276-278.

32. Ibid., 278.

33. Ibid.

34. Ibid., 278-279.

35. Ibid., 279.

36. Ibid., 197-198.

37. Nancy Rajala, *"Spirituality and the 12 Steps", The Inner Voice* (Espiritismo y los 12 Pasos,) (Julio y agosto de 1992): 9.

38. *'Pass It On'*, 275.

39. Stoker Hunt, *Ouija: The Most Dangerous Game (Ouija: El Juego más Peligroso)* (New York: Barnes and Noble, 1985), 45.

40. Book Review Digest (Revista Resumen de Libros) 1980, 830.

41. *The New York Review of Books (Revista Repaso de Libros de New York),* 3 de mayo de 1979, Pág. 12.

42. Ibid., 12-13.

43. "The Plato Club" (El Club Plato) *The Paris Review* (primavera). 1992): 14-84.

44. Elizabeth Hardwick: "On Sylvia Plath" (Sobre Sylvia Plath), en el libro *Ariel Ascending: Writings About Sylvia Plath* (Ascenso de Ariel: Escrituras sobre Sylvia Plath), Ed. Paul Alexander (New York: Harper and Row, 1985), 100-101.

45. Paul Alexander: *Rough Magic*: *A Biography of Sylvia Plath (Magia Aspera: Una Biografía de Sylvia Plath)* (New York: Viking, 1991), 199.

46. Ibid.

47. Ibid., 200-201.

48. Ted Hughes, ed., *The Collected Poems: Sylvia Plath (La Colección de Poemas: Sylvia Plath)* (New York: Harper, 1981), 276.

49. *Twentieth Century Literature* (Literatura del Siglo XX, verano de 1991): 131-147.

5

Un "Juego" Peligroso

Con frecuencia los especialistas en lo oculto mencionan los peligros potenciales inherentes al uso de la tabla Ouija y otros experimentos psíquicos, aunque muchos de ellos estimulan tal involucramiento. Estos peligros son ampliamente ilustrados por las experiencias de los usuarios. A pesar de las advertencias de espiritistas, psicólogos, psiquiatras, médicos, teólogos, pastores y otras personas informadas sobre los riesgos de usar la tabla Ouija, e instrumentos similares, el público en general sigue ignorante en un alto porcentaje.

La gente que no sabe nada sobre lo oculto, considera la tabla Ouija como un instrumento inocente, y ve como extremista u obsesionada con temores infundados, a cualquiera que les advierte sobre sus riesgos físicos, mentales y espirituales. ¿Cómo podría resultar en detrimento para el practicante, el uso de un instrumento tan sencillo? Por lo general esta actitud persiste hasta que la gente conoce personalmente los riesgos de la tabla.

Advertencias y Peligro Psicológico

En *Probe the Unknown* (Explore lo Desconocido), Raymond Bayless y William Welch se refieren a la tabla Ouija como un "juguete peligroso", y "una herramienta psíquica útil". Es interesante, Welch un espiritista quien argumenta que la Ouija es un instrumento psicográfico de buena fe, a la vez advierte a los usuarios sobre los distintos peligros inherentes en tal experimentación psíquica.

> Bayless advierte a quienes deseen usar la tabla Ouija, que deben tener gran precaución. Sin embargo, la historia muestra que es más fácil dar este consejo que aceptarlo... Cuando la tabla Ouija y los instrumentos afines son usados sin precaución, y por los niños, el peligro está cerca.[1]

Inclusive algunos espiritistas defienden la restricción en las ventas de la tabla Ouija. Bayless explica:

> Tan reconocidos son los peligros reales del uso indiscriminado de la tabla, particularmente en el caso de los jóvenes, que *Psychic News*, un notable periódico espiritista inglés, comenzó en 1968 una campaña exigiendo que se prohibiera vender tablas Ouija. Dudo que alguien pensara que una publicación espiritista motivara algo de naturaleza antipsíquica, pero esta campaña refleja un reconocimiento muy práctico de los peligros de la tabla.[2]

En su discusión acerca de la tabla como una "herramienta psíquica útil", Welch, sin embargo, admite:

> Ninguna fase de la experimentación psíquica es más universalmente calumniada que la tabla Ouija. Desafortunadamente, su desagradable reputación es muy bien merecida... Pero, debido a que es un método relativamente fácil de contactar los denominados desencarnados (espíritus), está abierta a más abusos que ningún otro método, y sujeta a muchos más riesgos.[3]

El doctor Carl Wickland, médico y director del Instituto Psicopático de Chicago, se vio envuelto en la investigación espiritista y psíquica.

> El grave problema de enajenación y trastorno mental que acompaña los experimentos psíquicos ignorantes, llamó por primera vez mi atención por los casos

> de varias personas cuyas experiencias, aparentemente inofensivas, con la escritura automática y la Tabla Ouija, dieron como resultado tal locura que fue necesario recluirlos en manicomios...
>
> Muchos otros desastrosos resultados que siguieron al uso de la supuestamente inocente Tabla Ouija, llegaron a mi conocimiento, y mis observaciones me llevaron a la investigación en los fenómenos psíquicos, para una posible explicación de estos extraños casos.[4]

El pastor H. Richard Neff sostiene que la tabla Ouija y otros instrumentos ocultos, básicamente actúan a través de la autosugestión, y sin embargo concluye:

> Un número de personas, suficiente como para advertirnos que estos instrumentos no pueden ser "inocentes juguetes", se ha metido en graves dificultades psicológicas por el uso de la tabla Ouija. Los más serios estudiantes de la parasicología recomiendan firmemente no usar las tablas Ouija, o instrumentos como tales.[5]

Hugh Lynn Cayce, afirma:

> Probablemente vemos y oímos más de aquellos que están en problemas, que la mayoría de organizaciones de esta especie. Todos los psiquiatras con los que he hablado al respecto, mencionan unos cuantos casos de perturbación que son el resultado de utilizar la tabla Ouija, y la escritura automática.[6]

En su capítulo: "Escritura Automática y Tablas Ouija", en *Venture Inward* (Aventura Dentro de Sí Mismo), Cayce presenta varias historias de sus archivos. El introduce el tema diciendo: "Lo aterrorizador de ellos es que pueden duplicarse por miles en las historias de los enfermos mentales que actualmente están en instituciones de todo el mundo".[7]

A veces los usuarios que pasan por alto tales advertencias, más tarde previenen a otros sobre no involucrarse con la tabla Ouija, o métodos similares de comunicación con lo oculto. Una mujer escribió: "Por favor adviértale a otros, que la tabla Ouija y la escritura automática son peligrosas".[8] Otra mujer que trató de comunicarse por diferentes métodos con lo sobrenatural, incluyendo la tabla Ouija, y que logró éxito con la escritura automática, cuenta cómo el espíritu la atormentó y hasta le sugirió el suicidio. Ella le pidió encarecidamente a Cayce, advertirle a otros: "¿Puede también poner en el mercado algunos libros que prevengan a la gente en cuanto a lo peligroso que es jugar con estas cosas psíquicas? Estoy segura de que no soy la única persona necia que las ensaya".[9]

El siguiente relato describe a otra inocente participante que aprendió a no meterse con lo oculto. En enero de 1975 Coralee Leon, editora de *la revista House and Garden,* asistió a una fiesta con otros 20 profesionales desconocidos para ella. Amedida que la fiesta transcurría, los invitados comenzaron a compartir varias experiencias psíquicas y ocultas. Arnold Copper, diseñador arquitectónico y de interiores, explicó la forma como su escepticismo hacia lo oculto experimentó un cambio radical después de pasar el verano de 1967 con tres amigos en Fire Island, Nueva York. Una noche en su casa de playa, Copper y sus amigos utilizaron una tabla Ouija, logrando éxito en la comunicación con el mundo de los espíritus, en la primera de 14 sesiones espiritistas que sostuvieron durante un período de seis semanas. Una espíritu llamado "Zelda" les habló de su vida, que finalizó cuando se ahogó durante un naufragio en 1873. Otros contactos espirituales incluyeron al malvado Bethelene y Higgins. Cuando "Zelda" estaba en control, el vaso se movía suavemente sobre la mesa, pero cuando Bethelene lo tomaba, el movimiento era violento. Sucedieron manifestaciones típicas de la Ouija; la tabla deletreó groserías, la temperatura del cuarto bajó de una forma instantánea, se materializaron apariciones, un participante experimentó una posesión temporal, y misteriosamente aparecieron algunas figuras borrosas en una foto Polaroid. Copper incluso tuvo un accidente automovilístico casi fatal cuando el carro pareció sacudirse fuera de su control. En otra ocasión una "gran lámpara negra se comenzó a encender y apagar, encender y apagar... Las lágrimas de vidrio de la lámpara cayeron del techo y se volvieron añicos en la mesa, "rozando" a uno de ellos. Las sesiones finalizaban con un apport (la repentina aparición de un objeto producido por un médium): "En el centro de la mesa de café, había un acuario, y en él una estrella de mar, pulsando rítmicamente".[10]

Después de escuchar la experiencia de Copper, Leon le recomendó pensar en la posibilidad de publicar su historia, y más adelante se pusieron de acuerdo para colaborar en un libro así. En la parte inicial de *Psychic Summer (Verano Psíquico),* Copper afirma: "Los sucesos descritos en este libro son ciertos. Algunos de los participantes son personalidades famosas que muchos lectores reconocerán",[11] razón por la cual la mayoría de nombres fueron cambiados. Leon finaliza el libro con una corta posdata en la cual afirma que ella pudo verificar algunas partes de información de la Ouija, durante una estadía en Londres.

Sin duda las sesiones espiritistas alteraron la forma de pensar de los cuatro amigos: "Con seguridad ninguno de nosotros había pensado en la reencarnación, o creído que volveríamos a nacer. Esta experiencia abrió nuestras mentes a la posibilidad de otros estados de existencia..."[12] Después de la experiencia en Fire Island, Copper participó en otras dos sesiones espiritistas. La primera tuvo resultados desastrosos, ya que una persona se desmayó y otra se enfermó violentamente. En la última sesión, Copper recibió información sobre su historia familiar, la cual era desconocida para cualquiera de los operadores de la tabla. El concluye diciendo: "Las fuerzas con las que uno trata son de un poder y proporciones desconocidos, y deben dejarse absolutamente quietas. Nunca he vuelto a intentar entrar en contacto con el mundo espiritual, ni lo volveré a hacer jamás".[13]

En *The Guide Book for the Study of Psychical Research* (El Libro Guía para el Estudio de la Investigación

Psíquica). La entrada en el glosario bajo la "Tabla Ouija", dice:

> Muchos investigadores han señalado los peligros inherentes del uso de la tabla Ouija, o de tomar sus "mensajes" seriamente, debido a la posibilidad de arrastrar con algunas actitudes desagradables y potencialmente perturbadoras, y los hechos del subconsciente propio. Ha habido numerosos casos de personas que se han trastornado mucho emocionalmente, por el uso de la tabla Ouija.[14]

En *Confessions of a Psychic* (Confesiones de un Psíquico), Susy Smith explica cómo sus comunicadores espirituales le aconsejaron:

> Prevenga a la gente para que se aleje de la Ouija y la escritura automática hasta que usted haya aprendido a estar completamente protegida. Dicen que los esfuerzos inocentes de comunicación son tan peligrosos como jugar con fósforos o granadas de mano. Ellos me tienen como la Muestra A, de lo que no se debe hacer, porque yo experimenté muchos de los peores problemas de tal involucramiento. Si hubiese sido prevenida por mi lectura, de que tales esfuerzos pueden hacerle correr el riesgo a uno de trastornarse mentalmente, yo podría haber sido más cautelosa. Es por eso que mi historia ahora se está haciendo pública, sólo con el fin de prevenir a otros para que no se metan en situaciones que podrían resultar más dañinas para ellos de lo que, por fortuna, fueron para mí.[15]

Ya sea que se acepten o no, estas advertencias espirituales, las propias experiencias de la señorita Smith previenen contra tales involucramientos.

Manly P. Hall, conferencista y fundador de Philosophical Research Society (Sociedad para la Investigación Filosófica), es considerado uno de los más famosos autores y maestros sobre lo oculto en este siglo. Hall tuvo numerosos contactos con usuarios de la tabla Ouija.

> Durante los últimos 25 años, antes de 1944, he tenido mucha experiencia directa con personas que han complicado sus vidas por meterse con la tabla Ouija. De cada 100 casos así, por lo menos 95 están peor después de la experiencia. Algunos han sufrido años de infelicidad como castigo por la desorganización que esta pequeña tabla ha traído a sus vidas. Conozco hogares destruidos, familias enajenadas, y hasta suicidios que pueden rastrearse directamente hasta esta fuente. En algunos casos la salud ha sufrido seriamente, y en otros el interés psíquico ha conducido a graves pérdidas financieras. Los cinco restantes, de los 100, realmente obtuvieron información que fue de valor e importancia para ellos... Sin embargo, aun en estos casos, la tabla Ouija no fue la solución en ninguna forma general...
>
> Personas que han usado la tabla Ouija u otros instrumentos psíquicos, han recibido mensajes aparentando venir de una fuente divina o sobrenatural. He visto un variado número de mensajes atribuidos a Jesús, Buda, Platón, y a diferentes ángeles y arcángeles. Por supuesto que tal comunicación abruma a quien la recibe, y obra estragos en su ego...
>
> He examinado un gran número de estas terribles revelaciones, y aunque pueden tener la auténtica firma de alguna gran persona, el contenido siempre contradice la firma. Pero personas completamente honestas, cuando se convencen de que han recibido la orden del mundo de los espíritus para generar grandes soluciones terrenales, en su tiempo, desarrollan gran entusiasmo proselitista, y el resultado es desastroso en todo el sentido de la palabra.[16]

Ed Warren, quien pasó varios años tratando casos de tabla Ouija, advierte:

> Las tablas Ouija son tan peligrosas como las drogas. No se debe jugar con ellas... Así como los padres son responsables por otros aspectos en las vidas de sus hijos, deben tener igual cuidado de prohibirles utili-

zar las herramientas del mal... Especialmente en una época cuando los cultos satánicos están aumentando. Recuerde: Las sesiones espiritistas, las tablas Ouija y otra parafernalia de lo oculto son peligrosas porque con frecuencia los espíritus malos se disfrazan como seres queridos, y toman posesión de las vidas.[17]

El pastor británico Russell Parker, autor de *Battling the Occult (Batallando Contra lo Oculto)* ha atendido y dado consejería a muchas víctimas de lo oculto. Estos son sus comentarios en cuanto a la tabla Ouija:

> Considero la tabla Ouija como una peligrosa puerta a lo oculto a través de la cual inconscientemente algunos se han abierto a poderes destructivos. Actuando así se han puesto en un camino peligroso que sólo producirá mayor deterioro espiritual.[18]

Un buen número de escritores advierte que cierto tipo de personas nunca se debe comprometer en la experimentación, o investigación psíquica. El doctor Hereward Carrington (1880-1958) fue un investigador y escritor psíquico, que no aceptaba las amonestaciones bíblicas contra la experimentación con lo oculto. El era escéptico del fenómeno de lo oculto, al cual denominaba psicopático. Creía que los participantes requerían tratamiento para restaurar su salud mental, y que, "los supuestos 'peligros' conectados con este tema descansaban casi completamente en el investigador, y no en el tema investigado".[19] Con frecuencia el doctor Carrington aconsejaba a quienes padecían desequilibrios nerviosos y mentales, dejar quieto lo oculto. Desafortunadamente tales personas son las más atraídas hacia el tema, y "corren peligro si se 'meten en él'".[20] Los cristianos no pueden aceptar las tendencias antibíblicas de Carrington, o su interpretación de lo sobrenatural, pero no deben pasar por alto sus advertencias en cuanto a los posibles problemas psicológicos que resultan de la investigación de lo oculto.

El doctor Harmon H. Bro, un científico social, especialista en sicología profunda, y director de Bro Clinic no desalentaba el desarrollo psíquico, aunque ofreció algunas prudentes sugerencias. Bro creía que la *motivación* era el prerrequisito básico para un acercamiento con sentido común al desarrollo psíquico. El explicó: "Los psicólogos usan el término 'tendencia' para incluir brevemente los motivos, actitudes, intentos o propósitos con los que la persona ingresa a una experiencia particular, como una abreviación para 'la tendencia y los impulsos de la mente'".[21] Bro luego amplía la información sobre los problemas que la "tendencia" equivocada puede crear en la experimentación psíquica. Sus propios archivos indican que cultivar la habilidad psíquica no debe tomarse a la ligera.

> Incontables cifras de personas emprenden el cultivo de la capacidad psíquica con una tendencia hacia la notoriedad personal o profesional, ventaja en las apuestas, o la conquista sexual, y parecen alcanzar un fenómeno paranormal con pocos malos efectos. Pero muchas más que ensayan los mismos procedimientos, por estas mismas razones, se lanzan a la vía que incluye un comportamiento cada vez más perturbado, acciones compulsivas, alejamiento de amigos y familiares, y finalmente síntomas de múltiple personalidad o suicidio. Buscar la habilidad psíquica sin la atención a la tendencia propia, entonces, es jugar a la Ruleta Rusa psicológica, como ser hiptonizado por un extraño de quien no se conoce su capacitación o su intención.
>
> Aun aquellos que deben ser psicológicamente sofisticados, son vulnerables cuando la tendencia personal está involucrada, porque algunos de los motivos dominantes en ella pueden estar escondidos de la conciencia...
>
> La proporción de víctimas de la tendencia en el moderno occidente, entre quienes buscan cultivar la habilidad psíquica, es probablemente muy grande. Un rápido repaso de 22 casos en mis propios archivos, donde personalmente he observado a la gente capacitarse en aptitudes psíquicas, durante un lapso de

cuatro meses a 20 años, demuestra que cerca de la mitad alcanzó resultados positivos con consecuencias favorables para sus carreras y su salud. La otra mitad muestra enfermedad mental y psíquica, divorcio, fracaso vocacional, drogadicción y desviación sexual.[22]

Si la afirmación de Bro en cuanto a que "algunos de los motivos dominantes en la tendencia propia pueden estar escondidos de la conciencia" es cierta, entonces existe la posibilidad de que cualquiera que trate de cultivar la habilidad psíquica podría experimentar dificultades. Desde el punto de vista bíblico, realmente nadie puede conocerse lo suficientemente bien como para estar en un terreno seguro: *Engañoso es el corazón más que todas las cosas, y perverso; ¿quién lo conocerá?* (Jer. 17:9).

La doctora Thelma Moss, psicóloga titulada que hace parte del personal del Instituto Neuropsiquiátrico de UCLA, y es una investigadora en parasicología, hizo un prólogo a su estudio en cuanto a la Tabla Ouija, de esta forma: "¡Peligro! Para ciertas personas, la tabla Ouija *no es un juego,* y puede causar serias disociaciones de personalidad".[23] Ella ilustra su advertencia con un caso real tomado de la correspondencia de una mujer "quien afirmaba haber desarrollado la escritura automática después de practicar la tabla Ouija", una progresión normal. Más o menos un año después, la mujer y su esposo conocieron a la doctora Moss. Ella después solicitó ver a la doctora en privado.

> Tan pronto como estuvimos solas, la mujer, con una mirada de triunfo, me dijo que su "guía" tenía un mensaje para mí. Después cerró los ojos rápidamente, los volvió a abrir y anunció que ahora era la virgen María, y que la mujer a través de la cual estaba hablando le seguiría los pasos... La escritura automática la había ayudado a comenzar la separación de personalidad produciéndole la esquizofrenia por la cual estuvo hospitalizada.[24]

Un folleto publicado por la Alianza Evangélica de Inglaterra, cita un número de psiquiatras profesionales que exhorta a las personas a no usar la tabla Ouija u otros instrumentos.

> El psiquiatra especialista, doctor Stuart Checkley (decano del Instituto de Psiquiatría, Maudsley Hospital, London), dice: "He visto pacientes cuyo involucramiento con formas relativamente menores de lo oculto les ha hecho sufrir enfermedades mentales. Vi a una persona que como resultado de un experimento con la tabla Ouija sufrió aterradoras experiencias fuera de su control, incluyendo la escritura automática. Dicha persona se encontró escribiendo mensajes aterradores para sí misma".
>
> Concluye el doctor Checkley: "Tales cosas como las tablas Ouija, y las cartas del tarot pueden, claramente, hacer daño, porque abren la mente a fuerzas externas..."
>
> El psiquiatra y especialista infantil, Dr. Graham Melville Thomas ha encontrado casos en donde los niños se han visto afectados como resultado de lo oculto. El involucramiento con instrumentos tales como las tablas Ouija es, como dice él, "potencialmente dañino y puede desequilibrar a los niños".[25]

El Peligro de Posesión

Hans Holzer y otros investigadores de lo oculto no desaprueban la investigación psíquica para quienes están bien preparados, pero sí admiten que existe el peligro de posesión.

> A quienes desean usar la tabla Ouija como un juego de salón, les aconsejo que lo piensen dos veces. Existe siempre la posibilidad; rara, lo admito, pero concebible, de que uno de los que estén manipulando la tabla sea, sin darse cuenta, un genuino médium de trance.
>
> En tal caso, la tabla puede convertirse en entrada fácil para un ser desencarnado (los cristianos dirían demonios) que podría tomar posesión de la persona-

lidad del médium y manifestarse bajo condiciones donde no es posible ningún control. Esto es todavía más peligroso cuando se trata con golpecitos a la mesa.[26]

El reverendo Horace Westood observa que el doctor Elwood Worcester en su libro *Body, Mind and Spirit* (Cuerpo, Mente y Espíritu), presenta historias reales donde la personalidad del usuario había sido invadida por seres externos. Westwood entonces concluye:

> A pesar de la verdad de su punto de vista, no puedo dejar de impresionarme por su observación de que casi todos los casos que describió se han desarrollado como consecuencia de manipular indebidamente asuntos psíquicos, ya sea en la forma de "Ouija" o de la escritura automática.[27]

El reverendo Donald Page de la Iglesia Cristiana Espiritualista, y quien practica el exorcismo, encontró que "la mayoría de casos de posesión... ha sido con personas que utilizaron la tabla Ouija".[28] Gary Wilburn, quien trabaja con jóvenes, pasó más de dos años investigando para su libro sobre lo oculto, *The Fortune Sellers* (Los Vendedores de Fortuna), en el cual advierte:

> La facilidad con que puede adquirirse la tabla Ouija junto con la fascinación inherente hacia lo nuevo, hace que sea uno de los más fatales de todos los "instrumentos" espiritistas. El operador de la tabla Ouija es fácil presa de los espíritus malos.[29]

Finalmente este recuento explica cómo un profesional escéptico llegó a creer en lo oculto.

> El médico psiquiatra Michael David admite haber sido "extremadamente escéptico" en cuanto a la posesión y la actividad ocultista. Pero ahora tiene "una opinión muy diferente". Llamado a ayudar a una chica anoréxica de 15 años que asistía a una fiesta cristiana, halló a la frágil adolescente en medio de un ataque, y sosteniendo virtualmente en vilo a los cuatro adultos que trataban de refrenarla mientras "de-

cía incontables obscenidades e injurias", recuerda él. "Pronto se hizo obvio que su problema no era la anorexia, sino una severa posesión demoníaca. Más tarde se supo que había estado involucrada con tablas Ouija, y su hermano con la magia negra".[30]

Los Usuarios de la Ouija Minimizan o Niegan el Cristianismo

Escritores cristianos y no cristianos reconocen que cualquier comunicación del "más allá" (ya sea mediante un médium, la canalización, la escritura automática, un péndulo, la tabla Ouija, u otros medios) niega las doctrinas esenciales de la fe cristiana. William O. Stevens cita un número de mensajes "de espíritus" que registraron algunas personas que venían de una "amplia variedad de trasfondos, desde altos clérigos hasta agnósticos".[31]

> En estas comunicaciones, la teología ortodoxa no tiene lugar, a pesar de que todos los que los recibieron han sido educados en esa tradición...
>
> En estas comunicaciones, cualquiera sea la proporción, muchos dogmas de las iglesias cristianas son pasados por alto tácitamente, si es que no son contradichos específicamente. No hay referencia al pecado original, la trinidad, la resurrección del cuerpo, el día del juicio, la importancia del bautismo, la absolución, la expiación, y así sucesivamente.[32]

Una mujer en inglaterra, a quien llamaremos Ann, comenzó a usar durante sus primeros años de adolescencia, una tabla Ouija hecha en casa, y más tarde se involucró con otras prácticas ocultas tales como la adivinación, la quiromancia, la cartomancia, la astrología, el tarot, y las bolas de cristal.[33] Ann leyó con ansiedad libros sobre ocultismo y participó en cientos de sesiones espiritistas con su tabla, haciéndole preguntas al "espíritu del vaso". Más del 90 por ciento del tiempo recibía un revoltijo de letras que se repetían, una por una, vez tras vez. Ella llegó a la conclusión de que estos eran nombres extranjeros o demoníacos. En algunas ocasiones, si presionaba el espíritu contacto, obtenía cooperación. En una oportunidad experimentó un descenso en la temperatura, y una presencia aterradora. Más tarde usó la tabla manufacturada, pero sin mucho éxito. Aunque la experiencia de Ann estuvo básicamente libre del más sensacional fenómeno, por los 25 años que estuvo involucrada en actividades ocultistas, no pudo entender la Biblia, aunque desde joven había formado parte de una iglesia. Dejó de ir a la iglesia y luchó por varios años para regresar. Ann se hizo cristiana, y como resultado, comenzó a tener pesadillas todas las noches durante varias semanas. Estaba demasiado asustada para decírselo a alguien. Las pesadillas cesaron después de que se bautizó, pero una semana después tuvo otro sueño.

> De repente unos horribles tentáculos grises que rodearon mi cuello, cintura, brazos y piernas, me halaban hacia atrás. Yo sabía quién estaba detrás de mí, pero no podía decir: "¡Apártate de mí, Satanás!" Fue el peor momento de mi vida. Grité: "Querido Señor Jesús, sálvame!" De repente, al final del pasillo frente a mí, apareció la brillante luz blanca que había visto en mis primeros sueños. Los tentáculos se fueron deslizando, y yo desperté empapada en sudor. Ya era suficiente. Tenía que ver a mi pastor. Cuando le conté los sueños, me dijo de una vez: "Te has estado entrometiendo en lo oculto, ¿no es cierto?"
>
> "Pero eso es sólo diversión", le dije sorprendida de que eso fuera lo primero que él mencionara, y no que yo podía haber estado exagerando las cosas.
>
> "Nada de diversión", contestó bruscamente, mientras abría su Biblia en Deuteronomio 18:9-14. Me hizo leer los versículos en voz alta. Cuando llegué a la parte donde dice que quienes practican estas cosas son "abominación para con Jehová", me sentí destrozada.

Sistemáticamente Ann se deshizo de sus materiales ocultistas, y renunció a su involucramiento. Cada vez que se despojaba de algunos de esos objetos, se sentía mejor. Su participación en lo oculto había evitado, por muchos años, que se convirtiera en cristiana; había engañado a muchas personas durante su vida. Me explicó en su carta: "Me alegra ayudar; después de todo el daño que hice en el pasado, es bueno poder hacerlo. Siento que estoy equilibrando la balanza, aunque sea de una forma pequeña".

La historia del Reverendo Stainton Moses (1839-1892), un reconocido médium y uno de los primeros practicantes de la escritura automática, es un ejemplo perfecto de cómo el involucramiento con el ocultismo produce la separación del cristianismo ortodoxo. Al principio Moses se sentía "angustiado y airado" por las negaciones doctrinales de los mensajes que él recibía, pero con el tiempo llegó a aceptarlas. El siguiente extracto viene de su reconocida obra *Spirit Teachings* (Enseñanzas de Espíritus) con frecuencia llamada la biblia del espiritismo.

> De aquí en adelante usted aprenderá que la revelación de Dios es progresiva, no condicionada por ningún tiempo ni limitada a ninguna persona... Aprenderá también que toda revelación es hecha a través de un canal humano, y en consecuencia, no puede sino ser teñida en alguna medida con el error humano. Ninguna revelación es inspiración plena... Analice lo que se dice. Si es recomendado por la razón, recíbalo; si no, recháceló... La inspiración es divina, pero el médium es humano... Imaginar que una opinión pronunciada hace muchos siglos es de una eterna fuerza obligante, es pura locura.[34]

William Stevens añade: "Más de un comunicador hace hincapié en la necesidad de nueva revelación, y señala el hecho de que 'no hay un monopolio de la verdad en ninguna religión'".[35] Las comunicaciones espirituales hacen énfasis en la necesidad de nueva revelación, y niegan la veracidad de la Biblia. Los cristianos creemos que la Biblia es la *única* revelación de Dios que nos orienta y guía. De acuerdo con el breve Catecismo Westminster. Pregunta dos: "La Palabra de Dios, contenida en las

Escrituras del Antiguo y Nuevo Testamentos, es la única regla que nos dirige en cuanto a la forma como podemos glorificarle y gozarnos en El". Los cristianos creemos que no se necesita ninguna *revelación* más. Los espíritus que dicen tener nueva revelación, claramente contradicen lo que afirma la Escritura en cuanto a que ella es la única guía infalible para creer y practicar.

John Weldon coautor de varios libros recientemente publicados sobre el ocultismo, resume sus descubrimientos, diciendo: "La investigación personal del autor en el gran número de libros escritos sobre espiritismo, recalca un hecho común: Todos niegan las doctrinas cristianas básicas. Algunos son más sutiles que otros, pero *no hay excepciones* que él pueda encontrar".[36]

De sus investigaciones en el ocultismo, el escritor católico J. Godfrey Raupert proporciona las siguientes observaciones instructivas:

> Cuando la fe y la confianza han sido aseguradas, lentamente el espíritu comenzará a socavar cualquier fundamento cristiano verdadero que pueda existir, negará la divinidad de Cristo, la autoridad de la conciencia, la responsabilidad de la persona, y la realidad de un juicio futuro. Alimentará la mente con trivialidades vacías, muy aceptables para el hombre natural, pero que finalmente contradicen las verdades fundamentales de la fe cristiana. La misma circunstancia conocida para todo el mundo, en cuanto a que quienes adoptan el espiritismo siempre dejan de profesar el cristianismo histórico en cualquier forma, es en sí misma una prueba suficiente de esta afirmación.[37]

¿Y en cuanto a intentos más complejos o progresivos a fin de entrar en contacto con lo sobrenatural por parte de quienes "desprecian las trivialidades de las sesiones espiritistas, pero tratan de descubrir a través de los espíritus avanzados una filosofía del universo?"[38] J. Stafford Wrigth concuerda con otros escritores cristianos cuando dice:

Sin ninguna excepción descubierta, estos comunicadores niegan la deidad de Jesucristo (excepto en el sentido no bíblico de que todos somos hijos de Dios según se afirma) y su muerte expiatoria. Estos son los únicos factores del cristianismo revelado; y si se abandonan, el cristianismo se vuele sencillamente una de las muchas religiones del mundo.[39]

Uno de mis propios alumnos se involucró con la tabla Ouija.[40] Una noche, él y tres amigos de la iglesia decidieron tener una sesión espiritista. Colocaron la tabla, encendieron algunas velas, apagaron las luces del cuarto, y comenzaron a invocar los espíritus, pidiendo: "¿Podemos tener la presencia de Satanás?" El indicador comenzó a dar vueltas y salió disparado de la tabla. Después de reemplazarlo le preguntaron si Satanás estaba presente, y el indicador pasó a sí. Todos se asustaron porque las respuestas eran demasiado precisas, para que fuera sólo coincidencia. La luz de las velas disminuyó, y una sensación de maldad impregnó el cuarto. Uno de ellos arrojó su Nuevo Testamento sobre la tabla Ouija, pero ésta lo lanzó en otra dirección. Los chicos oraron para que la presencia malvada abandonara el cuarto, pero parecía permanecer con ellos. De regreso a casa, sintieron tan intensamente la presencia del mal, que detuvieron el auto y oraron en el antejardín de una iglesia vecina. Esta experiencia dio por terminado su uso de la tabla Ouija, pero los efectos del incidente siguieron.

Poco después los cuatro jóvenes comenzaron a dudar de su fe cristiana, y tres dejaron de ir a la iglesia. Después de varias semanas dos de ellos parecían haber desarrollado diferentes personalidades, y uno experimentó graves problemas de opresión. Otro se volvió un fuerte opositor del cristianismo, y discutía con su amigo en cada oportunidad. A estas alturas, mi estudiante se acercó pidiéndome ayuda. Lo exhorté a que renunciara al uso de la tabla, la destruyera y le pidiera a Dios librarlos a todos del poder oculto de esta experiencia. De regreso a casa a fin de seguir las instrucciones, el estudiante creyó oír una voz que le advertía no destruir la tabla. Después de romperla y quemarla, experimentó violentas náuseas. Pero deshacerse de ella le produjo un renovado sentido de victoria en su vida cristiana.

El domingo siguiente a la destrucción de la tabla, el estudiante se sorprendió de encontrar en la iglesia a su amigo antagónico. Le preguntó por qué estaba allí, y él le contestó: "No sé, sencillamente el viernes comencé a pensar en venir a la iglesia". El viernes el estudiante había destruido la tabla Ouija.

El Dr. Kenneth McAll fue un cirujano, misionero en China durante la Segunda Guerra Mundial. Después de la guerra regresó a Inglaterra, y estudió Psiquiatría en Londres y Edimburgo. Durante varios años ejerció como psiquiatra especialista en Estados Unidos e Inglaterra. En un artículo publicado en 1975, él habla del trabajo realizado con "280 casos relacionados con el exorcismo". En los 10 casos resumidos en el artículo, él se refiere a la conexión que sienten las personas involucradas en lo oculto, aun cuando ya no se encuentren en la misma ubicación física. Cuando un participante rompe el control de lo oculto, mediante la oración, la renuncia, el exorcismo (o cualquier combinación de ellos), puede suceder una sanidad o liberación en otra(s) persona(s) a kilómetros de distancia.[41]

Conclusión

Las experiencias con la Ouija en este capítulo son definitivamente típicas. Muchos usuarios concluyen que la tabla funciona porque sus predicciones son exitosas; su información es precisa, experimentan una presencia del bien o del mal, la temperatura del cuarto disminuye, encuentran objetos perdidos, o la planchette sale volando de la mesa. Varias manifestaciones físicas, apariciones, materializaciones, posesión intentada o real, demuestran que algo extraordinario está sucediendo. Aunque los mensajes del juego inicialmente son benignos y amistosos, pueden derivar a malos, vulgares, sugestivos y hasta amenazadores. Otros usuarios desarrollan un interés mayor por la voz directa de médium, la escritura automática, y la adicción a la Ouija o al ocultismo.

Las observaciones de Gina Covina en *The Ouija Book* (El Libro de la Ouija) son típicas de otros relatos publicados con una opinión espiritista.[42] Su explicación acerca de la "Verdad Absoluta", es consistente con otros informes sobre la Ouija, y representa una negación de la opinión bíblica: "Las voces son enfáticas y unánimes en su insistencia de que nosotros *somos* Dios".[43] La idea de que lo malo es, sencillamente, el no desarrollo de lo bueno... hace eco en toda experiencia Ouija profundamente perseguida que he encontrado.[44] "Amor *es* Dios. Amor *es* el universo, como Dios o la consciencia es el universo".[45] "La Ouija es una herramienta por medio de la cual nos hacemos cada vez más conscientes de que somos Dios". Digámoslo de la forma más contundente posible: "La tabla Ouija es una herramienta por medio de la cual nos convertimos en Dios".[46]

A veces cuando los usuarios le piden a la tabla revelar la fuente de sus mensajes, el indicador deletrea "Satanás", o un equivalente demoníaco. Bruce Larson observa:

> He hablado con cientos de personas que han jugado con la Ouija. Sin excepción, aquellas que le han pedido revelar su fuente de información, han recibido la respuesta: "Demonios, diablos, Satanás, Belcebú, Lucifer", o un equivalente satánico. Ya sea que los jugadores hicieran suposiciones inconscientes, que desencadenaran respuestas musculares a la pregunta, o que la respuesta fuera cierta. Si es así, la tabla Ouija es una herramienta espiritualmente peligrosa de invasión demoníaca.[47]

Para algunos cristianos, el uso de la Ouija resulta en letargo y decaimiento espiritual, pero la renuncia a ella lleva a una liberación final. Para los escépticos, la experiencia con la Ouija puede producir una creencia en lo sobrenatural, pero usualmente en el área de la reencarnación. Cierto número de usuarios de la Ouija dejan de utilizarla, a veces, advirtiendo a otros y prometiendo no volverla a utilizar.

Cuando la gente usa la tabla Ouija para propósitos ocultistas, con frecuencia indica su insatisfacción con el racionalismo y el materialismo, y deseo de una experiencia sobrenatural vital. La Biblia enseña que sólo hay dos fuentes sobrenaturales de poder y orientación definidas como personas: Dios y Satanás. El involucramiento con lo oculto busca encontrar la realidad espiritual aparte de Dios y su revelación. Esto representa un enfoque erróneo del significado fundamental de la existencia humana.

Notas

1. Raymond Bayless y William Addams Welch: "Ouija Boards: Dangerous Toys? or Useful Psychic Tools" (Tablas Ouija: ¿Juguetes Peligrosos o Herramientas Psíquicas Utiles?), *Probe the Unknown* (Julio de 1975), 25-26.
2. Ibid., 55.
3. Ibid., 25.
4. Carl A. Wickland: *Thirty Years Among the Dead* (Treinta Años Entre los Muertos), 2d Ed. (National Psychological Institute, 1924), 16-17.
5. H. Richard Neff: *Psychic Phenomena and Religion* (Fenómeno Psíquico y Religión) (Philadelphia: Westminster Press, 1971), 131.
6. Hugh Lynn Cayce, carta al autor, 4 de mayo de 1972.
7. Hugh Lynn Cayce: *Venture Inward* (Aventura Dentro de Sí Mismo) (New york: Paperback Library, 1964), 130.
8. Harold Sherman: *Your Mysterious Powers of ESP* (Sus Poderes Misteriosos de PES) (New York: World, 1969), 126-127.
9. Carta en los archivos de A. R. E., Virginia Beach, Virginia.
10. Arnold Copper y Coralee Leon, *Psychic Summer: A True Account of a Menacing Experience on Fire Island* (Verano Psíquico: Narración Verídica de una Experiencia Amenazadora en Fire Island) (New York: Dial, 1976), 179.
11. Ibid., afirmación del autor.
12. Ibid., 182.
13. Ibid., 182-183.

14. Robert H. Ashby: *The Guide Book for the Study of Psychical Research* (El Libro Guía para el Estudio de la Investigación Psíquica) (New York: Weiser, 1972), 182.
15. Susy Smith: *Confessions of a Psychic (Confesiones de un Psíquico)* (New York: Macmillan, 1971), 75.
16. Manly P. Hall, "The Devil's Flatiron" (La Plancha del Diablo), *Horizon* (Octubre a diciembre 1944): 76-77.
17. Ed y Lorraine Warren con David Chase: *Graveyard* (Camposanto) (New York: St. Martin's, 1992), 137-138.
18. Russell Parker, carta al autor, 8 de noviembre de 1992.
19. Hereward Carrington: "*Is It Wrong to Study Psychic Phenomena*?" (¿Es Malo Estudiar los Fenómenos Psíquicos?) *Fate* (noviembre a diciembre de 1961), 71.
20. Ibid., 66-67.
21. Harmon H. Bro., "Are There Dangers in Psychic Development?" (¿Existen Peligros en el Desarrollo Psíquico?), Fate (Feb. 1971), 102.
22. Ibid., 102-103.
23. Thelma Moss: *The Probability of the Impossible (La Probabilidad de lo Imposible)* (Los Angeles: Tarcher, 1974), 237.
24. Ibid., 239-240.
25. Doorways to Danger (Puertas al Peligro) (London: Evangelical Allian ce, 1987), 2-3.
26. Hans Holzer: ESP and You (La PES y Tú) (New York: Hawthorn, 1966), 74-75.
27. Horace Westwood: There Is a Psychic World (Hay un Mundo Psíquico) (New York: Crown, 1949), 189.
28. Francoise Strachan, "A Company of Devils" (Una Compañía de Demonios), *Man, Myth and Magic* (número 73): después 2060.
29. Gary Wilburn: *The Fortune Sellers* (Los Vendedores de Fortuna) (Glendale: Gospel Light, 1972), 195.
30. Doorways to Danger (Puertas al Peligro), 3.
31. William O. Stevens: *Psychics and Common Sense* (Sentido Psíquico y Común) (New York: Dutton 1953), 230.
32. Ibid., 238.
33. El siguiente resumen viene de E. J. A., testimonio escrito y carta al autor, 12 de mayo de 1992.
34. Stevens: Psychics (Psíquica), 239.

35. Ibid.
36. John Weldon: *The Consequences of Psychic Involvement: A Look at Some Hazards* (Consecuencias del Involucramiento Psíquico: Vistazo a Algunos Riesgos) (manuscrito), 260.
37. J. Godfrey Raupert: *"The Truth About the Ouija Board" (La Verdad en Cuanto a la Tabla Ouija), Ecclesiastical Review* (Nov. 1918), 472.
38. J. Stafford Wright: *Christianity and the Occult (El Cristianismo y lo Oculto)* (Chicago: Moody, 1971), 115.
39. Ibid.
40. La siguiente narración viene de una entrevista con el autor, septiembre de 1969.
41. Kenneth McAll: "The Ministry of Deliverance" (El Ministerio de Liberación), *Expository Times* (Julio de 1975): 296-298.
42. Gina Covina, *The Ouija Book* (El Libro de la Ouija) (New York: Simon and Schuster, 1979), 138-151.
43. Ibid., 144.
44. Ibid., 146.
45. Ibid., 147.
46. Ibid., 153.
47. Bruce Larson, *Satanism: The Seduction of America's Youth* (Satanismo: La Seducción de los Jóvenes de América) (Nashville: Nelson 1, 1989), 56-57.

6

Popularidad de la Ouija entre Niños y Adolescentes

En su libro *Occult America (América Oculta)*, John Godwin definió una nueva tendencia en el resurgimiento del uso de la tabla Ouija, que comenzó a mediados de los años 60. A los usuarios adultos de la tabla "se unieron millones de jóvenes, hasta de 13 años, que nunca antes se habían interesado mucho por estos aparatos".[1] De mi propio estudio de cientos de relatos, creo que la experimentación con la Ouija comienza mucho más temprano; con niños de seis, o hasta de menos edad. Un usuario escribió: "Cuando yo era muy pequeño mi mamá compró una tabla Ouija con la cual jugábamos durante los días de lluvia".[2] Parker Brothers mismo recomienda la tabla para personas mayores de ocho años.

Los niños y los adolescentes conocen la tabla por varias fuentes: Televisión, cine, música y libros. Aunque muchos de ellos sólo usan la tabla ocasionalmente, algunos llegan a depender seriamente de ella, y por eso es esencial que los padres conozcan sus peligros.

La Tabla Ouija y los Niños

Los niños están expuestos a la tabla Ouija desde muy temprana edad por medio de algunos libros, la televisión, las películas y hasta en los colegios y escuelas.

Libros Infantiles. Teddy Ruxpin es un libro y una serie de audio para niños. En una aventura, *The Missing Princess* (La Princesa Perdida), Teddy y sus amigos visitan el Brujo de Wee Gee. Una ilustración muestra a Teddy, sus amigos y el Brujo, todos sentados alrededor de un instrumento parecido a la Ouija que tiene letras del alfabeto en círculo, y un indicador. Ellos observan lo deletreado. En el cassette escuchamos:

> Teddy: "Pero nosotros estábamos muy impresionados por el Brujo. Todos nos sentamos alrededor de una gran mesa".
>
> Brujo: "Ahora todos, concéntrense, para que podamos producir los poderes místicos de la comunicación... ¡Dije que se concentren! Creo que estamos poniéndonos en contacto. Todos concéntrense acerca del lugar donde podría estar la Princesa Aruzia".
>
> Teddy: "El indicador en la tabla comenzó a moverse. Se deslizó señalando primero una letra y luego otra. Deletreó: "G-U-T-A-N-G-S. Gutangs".[3]

Muchos libros e historias infantiles comunican un tema oculto, pero algunos se refieren específicamente a experiencias que tienen sus personajes ficticios con la Ouija. Por ejemplo, en *How a Weirdo and a Ghost Can Change Your Entire Life (Cómo un ser Extraño y un Fantasma Pueden Cambiar Toda tu Vida)*, el resumen dice: "Martha enfrenta el ridículo de la clase haciéndose amiga de un "ser extraño" quien enriquece su vida con la tabla Ouija, y resulta ser mejor amigo que los que ella perdió".[4] La autora Patricia Windsor, ganadora de un premio, presenta un relato preciso de la experimentación con la Ouija. En la historia, Martha y su amigo "ser extraño", Teddy (aparentemente de unos nueve o 10 años) nunca considera la Ouija como un "juego", sino como una forma de ponerse en contacto con los muertos, y para conseguir otra información. El libro describe con precisión la tabla. Martha hasta busca en el diccionario el significado de las palabras "Ouija" y "planchette".

Teddy explica: "Funciona mejor cuando todo está oscuro". "'Ahora', dijo, '¿A quién conoces que esté muerto?'" Teddy: "Colocó sus dedos en la planchette y le dijo a Martha que se concentrara... 'Pon tu mente en blanco'".[5] Fracasan en su primer intento, y Martha coloca la tabla debajo de su cama. Más tarde ella prueba sola, y cuando invoca a "Tío Archie", la tabla comienza a funcionar. La palabra deletreada muestra tener valor evidencial. Martha entonces razona: "Si fue tan fácil convocar a alguien del mundo espiritual", ¿por qué no pedir otra información?[6] Cuando Teddy se entera de lo sucedido, le advierte que en vez de entrar en contacto "con la persona que invocas", a veces "otros espíritus irrumpen y dan mensajes. Algunos pueden ser un poquito antipáticos".[7] Teddy también sugiere que Martha podría ser "médium", y le recomienda que mantenga un cuaderno científico de los mensajes.

Una vez más, Martha opera la tabla sola, y contacta a "tío Archie". Se presenta un fenómeno típico de la tabla Ouija, tal como el movimiento rápido y enérgico de la planchette, el descenso de la temperatura en el cuarto, la intrusión de otro espíritu ("Pinky") y un viento que pasa por el cuarto derribando objetos pequeños. Martha está asustada. "Los fantasmas con toda certeza se podrían enojar. De ahora en adelante ella recordaría congraciarse con ellos".[8] En la biblioteca del colegio pregunta por libros sobre fantasmas. Teddy y Martha son invitados a la fiesta del Halloween de Diane, quien les dice que tiene problemas pensando qué cosas podrían hacer en la fiesta.

> "Yo podría hacerte una sugerencia", dijo Teddy. "Pero podría volverse muy fantasmal".
>
> "¡Entre más fantasmal mejor!" Dijo Diane. "¿Qué es?"

> Teddy miró a Martha. "Una sorpresa", dijo. "¿Qué crees Martha? El Halloween es una buena fecha para los fantasmas. ¿Deberíamos ayudar?"
>
> Martha sonrió. "Claro", dijo.[9]

Este libro infantil presenta un relato preciso de la actividad como médium de la Ouija, y podría llevar a los lectores jóvenes a creer que las sesiones espiritistas de la Ouija son emocionantes, aunque atemorizantes.

Terry Ann Modica, narra, en The Power of the Occult (El Poder de lo Oculto), su propio uso de la tabla Ouija, y cómo fue atrapada. "Yo era casi una adolescente, y suponía que la tabla Ouija era simplemente un juego. Creía lo que había oído; que funcionaba liberando respuestas escondidas en mi subconsciente".[10] Ella comenzó a leer libros sobre lo oculto, luego aprendió hipnosis y hasta dirigió sesiones espiritistas. Se obsesionó tanto con lo oculto, que durante un tiempo se alejó de su fe cristiana.[11] Más tarde Modica escribió una novela para adolescentes: *The Dark Secret of the Ouija* (El Secreto Oscuro de la Ouija),[12] que describe con precisión el uso de la tabla, y presenta la liberación desde una perspectiva cristiana.

Uso Escolar: A través de correspondencia, entrevistas o de relatos publicados, he descubierto que en los colegios la tabla Ouija es usada por los estudiantes, o puesta a disposición por un profesor. Esto sucede por lo general con adolescentes, pero he sabido de casos en los cuales la tabla es usada en las clases de primaria.

> En 1987, un maestro de sexto grado, en California del Sur (Ontario-Montclair School District), apareció en la primera plana del periódico local cuando se negó a sacar la tabla Ouija de su salón de clases. El no veía nada de malo en el juego, y consideró que sus derechos, según la Primera Enmienda, estaban en juego. Algunos padres preocupados se dirigieron a la junta escolar pidiendo que se quitara el juego.[13]

La junta escolar convocó una serie de audiencias públicas sobre el tema de la Ouija, desde el 6 hasta el 29 de abril de 1987, y aceptó declaraciones escritas hasta el 4 de mayo. El comité emitió su informe el 15 de junio.[14] A pesar de la masiva documentación en cuanto a la naturaleza oculta de la tabla Ouija, el informe concluyó: "Basados en los hechos de que los materiales no son verificados por ser datos de investigación empírica, y que existe ambigüedad, subjetividad, y una amplia variedad de opiniones personales dentro del material, el comité no hace un juicio sobre este asunto".[15]

El *High Action Reading for Study Skills* (Lectura de Alta Acción para Habilidades de Estudio) de Modern Curriculum Press (1979 Ed.) "que fue diseñada para estudiantes de tercero a sexto grado... ¡Ofrecía ocho páginas sobre la tabla Ouija!" En cierto punto el material sugiere: "Te divertirás haciendo tu propia tabla mágica y probándola con un amigo. Hay muchas formas como puede hacerlo".[16] Después de explicar cómo hacer una sencilla tabla Ouija, el material añade: "¡Haz una pregunta y espera a ver qué sucede!"[17]

Cerca del final de su capítulo sobre "Schools and Counterfeit Spirituality" (Los Colegios y el Espiritismo Falsificado), Berit Kjos, concluye:

> Un número cada vez mayor de colegios le dice a los estudiantes que investiguen lo oculto, que presenten sociodramas de juegos de fantasía oculta tales como Dungeons and Dragons (Calabozos y Dragones), y que busquen el conocimiento esotérico a través de horóscopos, I Ching y tablas Ouija. Sobra decirlo, los niños están jugando con un fuego tan increíble que, ni ellos ni sus profesores pueden controlar.[18]

Televisión. La televisión es otra forma por la cual los niños están expuestos a la tabla Ouija a través de un medio acrítico. Durante octubre de 1992, observé dos programas vespertinos que incluían la tabla. Uno de ellos: "Camp Wilder" (Campamento más Salvaje), representaba la Ouija en forma típica de juego: "Oye, una tabla Ouija, juguemos". Los comerciales de Parker Brothers, para la tabla Ouija, a veces aparecen durante los dibujos animados de los sábados en la mañana.

Sicosis Mediumística. Stoker Hunt presenta dos casos que involucran niños, los cuales el profesor Hans Bender identifica como "sicosis mediumística".[19] El primer incidente tiene que ver con una niña de casi 12 años que en compañía de sus amigos jugó con la tabla Ouija. La tabla predijo que ella moriría a los 13 años. Sus padres no le pusieron mucha atención a esta predicción hasta que se dieron cuenta del impacto que esto produjo en ella. La madre escribe:

> Con el tiempo no podíamos pasar por alto los cambios en su vida. Por ejemplo, evitaba salir muy lejos de casa, le tenía pavor a los viajes, y ante enfermedades tales como el resfriado común, reaccionaba con mucha seriedad. Nuestra hija tenía mucho miedo. Con frecuencia hablaba de su terror, y muchas veces lloraba. La tensión estaba penetrando nuestra familia, y *llegamos* a temer por ella y por nosotros, porque lo creía firmemente... No estábamos seguros de lo que estaba sucediendo, pero el día de su decimotercer cumpleaños, ¡anunció valientemente que había engañado el juego de la tabla Ouija![20]

> El segundo caso tuvo que ver con una chica sociable y feliz, de 11 años, quien de repente se convirtió en una aterrorizada pequeña que temía salir de su casa, porque estaba convencida de que se encontraba a punto de morir, todo debido a una sesión particular con la tabla Ouija. La calidad de su rendimiento escolar bajó de excelente a mal, perdió peso y desarrolló síntomas de paranoia.[21]

La niña fue sanada después de varias sesiones con un psiquiatra.

La Tabla Ouija y los Adolescentes

La investigación y los relatos publicados establecen que un gran número de adolescentes ha "jugado" con la tabla Ouija, aunque actualmente no existen estadísticas en cuanto a la magnitud de tal uso. Neil Anderson (profesor de un seminario) y Steve Russo (evangelista de jóvenes) desarrollaron una encuesta para determinar la exposición al ocultismo entre 286 estudiantes de un colegio cristiano de bachillerato. Las "asombrosas respuestas" a su encuesta hicieron que ampliaran su investigación. "Encuestamos 1.725 estudiantes (433 de los primeros años, y 1.292 de los últimos) que se estaban educando en colegios y campamentos cristianos... La pregunta 9 pedía a los estudiantes que indicaran si habían participado en ciertas prácticas ocultistas".[22]

La investigación cuestionó a los estudiantes en cuanto a una variedad de prácticas ocultistas: Proyección astral, levantamiento de mesas, adivinación, astrología, Calabozos y Dragones, cristales o pirámides, escritura automática, tarot, lectura de la mano, espíritus guía, pactos de sangre y la tabla Ouija. El 15 por ciento de estudiantes de los primeros años de secundaria afirmó haber usado la tabla Ouija. Para los estudiantes de los últimos años el porcentaje fue aún más alto; 26 por ciento. La tabla Ouija fue catalogada en el segundo lugar después de Calabozos y Dragones (15 a 18 por ciento) para estudiantes de los primeros años, pero en primer lugar para aquellos de los últimos años, seguida por la astrología (20 por ciento), y Calabozos y Dragones (16 por ciento). Cuando se combinan las cifras de los primeros y los últimos años de bachillerato, la tabla Ouija se convierte en el instrumento líder en esta muestra. Más tarde los autores declaran: "Es desconcertante que 416 de los chicos cristianos encuestados, (de 1.725) hayan estado involucrados con tablas Ouija alguna vez".[23]

Randy Emon, un sargento de policía de California, aparece en la lista de *Occult Crime: A Law Enforcement*

Primer (Crimen Oculto: Una Cartilla sobre el Cumplimiento de la Ley)[24], como un funcionario de la oficina jurídica, con experiencia en investigaciones criminales relacionadas con ocultismo, y colaborador de la cartilla.[25] Después de hablar con el oficial Emon, le pedí resumir su trabajo y sus hallazgos.

> Desde 1985 comencé a investigar crímenes relacionados con el ocultismo, después desarrollé una presentación con filminas dirigida al público, a la oficina jurídica, la iglesia y los educadores. Como resultado, esta presentación ha sido exhibida a una audiencia estimada de 20.000 asistentes, de los cuales el 25 por ciento era de oficinas jurídicas. Adicionalmente, a finales de 1986, fundé una organización denominada Christian Occult Investigators Network (C. O. I. N.) (Red de Investigadores Cristianos de lo Oculto) que hace poco se disolvió. Como resultado de las clases sobre el cumplimiento de la ley, en asocio de C. O. I. N. entrevisté, entre 1985 y 1992, unos 1.500 adolescentes involucrados en algún aspecto del ocultismo. Sus actividades variaban entre lecturas de libros cómicos de tipo oculto, participación en juegos computarizados que representan fantasías, Calabozos y Dragones, tarot, libros y novelas de brujería y satanismo, o una intervención real en brujería, o rituales satánicos. El 75 por ciento o más de estos participantes, vivía en una familia cristiana, se había comprometido a servir a Jesucristo, tenía una educación cristiana, o estaba asistiendo a una iglesia católica o protestante.
>
> Cuando trataba de determinar con precisión las razones por las que habían decidido tomar parte en estas actividades, surgían varias razones comunes. Muchos fueron introducidos en estas prácticas por sus amigos, y sencillamente sentían curiosidad de ver resultados tangibles. Estaban de alguna forma desencantados con la religión de su familia, y sentían que lo oculto les ofrecería algunas soluciones rápidas.

Más de las dos terceras partes entrevistadas afirmó que la primera curiosidad que los hizo seguir con un interés más profundo en el estudio de lo oculto fue su experiencia con la tabla Ouija. Cerca de una quinta parte dijo que fue Calabozos y Dragones. De las dos terceras que comenzaron usando la tabla Ouija, más de un 50 por ciento obtuvo literatura ocultista adicional para ampliar sus estudios sobre el ocultismo, en la biblioteca, con los amigos o de la librería local. Del 50 por ciento restante, aproximadamente el 90 por ciento tomó la decisión consciente de abandonar sus esfuerzos por seguir buscando conocimiento oculto ya que no percibía *ningún* resultado deseado. Del último grupo, la mayoría de los que eran cristianos, dejó casi por completo de servir al Señor, o de leer la Biblia.

Una vez que aquellos participantes decidieron abandonar sus esfuerzos por meterse en prácticas ocultas, la mayoría regresó a la fe cristiana. Antes de volver al cristianismo muchos desarrollaron síntomas como los que aparecen en la lista... (Véase: Síntomas de involucramiento en el ocultismo, que aparece más adelante).[26]

De especial importancia es el hallazgo de Emon: "Más de las dos terceras partes de los entrevistados manifestó que el principal artículo curioso que les hacía seguir a un interés más profundo en el estudio de lo oculto, era su experimentación con la tabla Ouija", y que de estos, más del "50 por ciento obtuvo literatura adicional relacionada con el ocultismo". Los estudiantes educados en un hogar cristiano, o que profesan fe en el cristianismo, no están exentos de la experimentación con lo oculto.

Emon enumera los "síntomas del involucramiento en la actividad ocultista, recopilado de los casos de estudio reales y entrevistas en septiembre de 1989". Con seguridad no todos estos síntomas estarán presentes en cada persona, pero el estudio e investigación de casos de la tabla Ouija, indican que varios de ellos son el resultado del prolongado uso de la tabla.

- Aterradoras pesadillas recurrentes.
- Voces.
- Insomnio.
- Apariciones.
- Pensamientos suicidas y criminales.
- Intentos de suicidio.
- Conducta extremadamente reservada.
- Pérdida de la noción del tiempo, vacíos mentales.
- Comportamiento violento.
- Actividad fantasmal.
- Depresión y alejamiento de la sociedad.
- Uso de drogas.
- Contacto físico de un ser visible o invisible, a veces sexual.
- Espasmo muscular involuntario, no asociado con el uso de drogas. También descrito como una cama que se mueve o vibra, o la sensación de temblores suaves.
- Cambio en el estilo de vestir (no en todos los casos).
- Cambio en el comportamiento.
- Obsesión con los juegos que representan fantasías, tales como Calabozos y Dragones.
- Obsesión por las novelas relacionadas con el ocultismo y libros similares.
- Sensaciones eléctricas suaves, o muy intensas, en el cuerpo.
- Cambios de temperatura atmosférica.
- Sensación de dejar el cuerpo (proyección astral).
- Posesión de parafernalia oculta, libros y juegos.

Aversión a la Biblia, o a los materiales cristianos afines; (síntomas) tales como palabras borrosas o similares a la dislexia; o dormirse cuando lee las Escrituras.[27]

Emon relató el siguiente caso de un muchacho de 17 años perturbado, cuyo espíritu de contacto con la tabla Ouija le invitó a unirse con él en un mundo más agradable. Para un joven con problemas personales, una invitación así puede ser tentadora. La siguiente transcripción fue tomada de la nota suicida que el joven dejó grabada para sus padres. Junto con la grabación, sus padres encontraron un despliegue de artículos satánicos y de brujería, álbumes de Suicidal Tendencies (Tendencias Suicidas) y Venom (Veneno), y una tabla Ouija. El joven debía regresar a la corte juvenil al día siguiente, y no quería ir.

> Ustedes mejor se preparan porque tengo algo sobrenatural que decirles. Parte de eso es posible que no lo entiendan... Una de mis principales preguntas que necesitaba respuesta, sin haberla obtenido nunca, fue: "¿Para qué quería el espíritu de mi tabla Ouija que me suicidara?" La razón por la cual quise preguntar eso es porque desarrollé una extraña relación con la tabla, y llegué al punto donde ni siquiera tenía que tocarla para que funcionara... Todo lo que tenía que hacer era preguntarle, y siempre recibía una respuesta lógica y brillante. A veces ni siquiera tenía que preguntarle nada, pues de todas maneras me hablaba.
>
> Mamá, ¿me preguntas por qué estoy tan aislado últimamente? Bueno, si tuvieras un amigo así, no necesitarías otros. Pero en todo caso, una noche, la tabla comenzó a decir que el cielo y el infierno no existen, y que la forma y el sitio donde uno muere determinan la intensidad de la vida después. Entre más horrible sea la muerte, mejor será la otra vida. Entre mejor sea la atmósfera de la muerte, mejor será la atmósfera de la siguiente vida. ¡Así funciona! No hay libros que leer ni reglas que seguir, no hay una batalla entre el bien y el mal. Lo bueno está en la atmósfera donde

> uno muere, y lo malo en lo horripilante que sea la forma de morir. Así que imaginé que si todo lo que después decía la tabla era cierto, entonces esto también tenía que serlo.
>
> Después cuando mi amigo me preguntó si yo quería estar con él para siempre en un mundo totalmente civilizado y sin problemas, y sólo con quienes deseara hablar allá, le contesté que "sí". Me dijo que para estar donde él estaba tenía que suicidarme de una forma horripilante, y que debía hacerlo en las montañas, o en el mar. Así que escogí las montañas. Y si te preguntas por qué no están tus armas, papá, de veras lo siento, pero es lo único rápido y también bastante horrible en lo cual pude pensar... Sé que estaré feliz y probablemente los veré en unos 40 años más o menos.
>
> ...Pero si alguna vez quieren hablarme, y pueden pensar que esto también es algo misterioso, siempre pueden usar la tabla Ouija, y yo probablemente pueda hablar con ustedes. De todas formas, eso fue lo que dijo la tabla, que ustedes podrían pensar que yo soy raro por creer en lo que ella dice, pero todo lo que ha dicho ella hasta ahora es cierto...[28]

Ocho meses más tarde, el joven fue ubicado en otro estado. Para entonces tenía 18 años y sus padres no lo trajeron a casa. Aunque en este caso él no se suicidó, Martin Ebon, observa: "Están aumentando los casos en los cuales hombres o mujeres siguen tales 'mensajes' con una obediencia casi de esclavos... Incluso pueden... Ser invitados por el 'ser' a cometer suicidio para compartir su vida después de la muerte".[29]

Música Contemporánea. Una encuesta rápida sobre las letras de la música rock contemporánea, revela la prominencia de los mensajes ocultos. "Las carátulas de los álbumes incluyen ilustraciones como cabezas de diablos, figuras crucificadas, bebés demoníacos, esqueletos, pentagramas, velas negras y el número 666 oculto".[30] Al Menconi, experto en música contemporánea, nos recuerda que "la música afecta a las personas que la escuchan. Los jóvenes buscan constantemente respuestas a sus preguntas más importantes". De acuerdo con Menconi:

> Una encuesta reciente entre 2.000 estudiantes de los grados 7 al 12, mostró que el 68 por ciento de ellos consideraba a un artista como su héroe. Por naturaleza imitamos a nuestros héroes. Cuando los jóvenes encuentran a alguien atractivo e interesante, con frecuencia comienzan a modelarse como él o ella.[31]
>
> Un artista así es Morrissey, el ex cantante líder de The Smiths. Su popularidad fue demostrada por la respuesta entusiasta a su gira de debut en 1991, en EE.UU., y su reciente reaparición en 1992. En un informe sobre su involucramiento en Hollywood Bowl, el crítico musical Chris Willman escribe: "Morrissey es el héroe perfecto para ese contingente de jóvenes que busca a alguien para adorar e identificarse con él, a la vez".[32] ¿Qué tiene que ver todo esto con la tabla Ouija?
>
> Morrissey apareció en primera plana bajo el título:

Devil of a Row Over Hit (Demonio de una Lista de Exitos).

> Anoche, la estrella de Pop Morrissey fue criticada severamente por animar a los niños a jugar con el Demonio. Su sencillo de rotundo éxito "Ouija Board, Ouija Board" (Tabla Ouija, Tabla Ouija) habla sobre la forma como él trató de ponerse en contacto con una amiga fallecida usando el juego oculto.
>
> Anoche Diane Core, fundadora del grupo de acción Childwatch, dijo: "Fue algo increíblemente irresponsable. Que alguien pueda ser tan estúpido como para interesarse en el mundo espiritista está fuera de mi comprensión".
>
> Pero el millonario Morrissey... insistió en que el tema era un intento por "inyectar un estándar más alto de inteligencia" en la música pop.[33]

Su canción: "Ouija Board, Ouija Board", está en armonía con su anteriormente expresada filosofía de la vida.

> Tabla Ouija, ¿funcionarías para mí?
>
> Tengo que saludar a una vieja amiga
>
> Tabla Ouija, tabla Ouija, ¿funcionarías para mí?
>
> Tengo que llegar hasta donde una buena amiga
>
> Ella se ha ido de este infeliz planeta con todos los carnívoros y destructores que hay en él
>
> Tabla Ouija, Tabla Ouija, ¿me ayudarías?
>
> Porque sigo sintiéndome terriblemente solo
>
> ¿Lo harías, tabla Ouija, lo harías, tabla Ouija?
>
> Me ayudarías porque simplemente no puedo
>
> ubicarme en este mundo...
>
> La tabla está haciendo ruido... La tabla está haciendo ruido, el vaso se está moviendo...[34]

Satanismo y Reclutamiento Satánico. ¿Existe conexión entre la tabla Ouija y el satanismo? En su folleto *Teen Satanism: Redeeming the Devil's Children (Santanismo entre Adolescentes:* Rescatando los Hijos del Demonio), el ex ocultista Gregg Reid, escribe:

> El objetivo básico de los satanistas adultos ahora es la juventud... En los últimos años he tenido una amplia exposición e involucramiento con satanistas adolescentes. Basado en todo lo que he sabido, lo siguiente presenta un reclutamiento típico de un satanista adolescente en perspectiva.[35]

Después de discutir la forma como se selecciona el recluta, él explica:

> Una vez que el recluta potencial se traga el anzuelo, esto es lo que sucede por lo general: ...El recluta recibe la invitación a una fiesta con muchos otros chicos. Aunque el líder está realmente bajo la autoridad de

otro adulto, otros adolescentes en su círculo de brujos no lo sabrán.

Hay muchas drogas, alcohol, y sexo con quien se desee. Los miembros del sexo femenino se ofrecen libremente. Después de un rato ingresan y se juegan las tablas Ouija y otros juegos ocultistas.

El líder aborda al recluta potencial que muestra un desacostumbrado interés en los juegos del ocultismo.[36]

Debido a que Reid observó la prominencia de la tabla Ouija, y otros juegos ocultos, en el proceso de reclutamiento satánico, le escribí pidiéndole más información. ¿Cómo llegó a sus conclusiones? ¿Cuál fue la evidencia? Reid respondió:

> La información contenida en *Teen Satanism* (Satanismo entre Adolescentes) sobre el uso de las tablas Ouija para reclutar adolescentes, fue recogida de entrevistas con más de 100 adolescentes en los pasados siete años, muchos de los cuales me dijeron personalmente que fue de esta manera como ingresaron al mundo de lo oculto, por alguien que más tarde los llevó al satanismo. Se colocaron pendones en los carros, en las guaridas de los adolescentes, aquí en El Paso, y el anfitrión, que era un reclutador satanista que usaba D & D, Ouija y otros juegos ocultos para introducir en lo oculto a quienes llegaban a la fiesta, luego los involucraba más profundamente. Aún ahora, muchos satanistas SIGUEN usando tablas Ouija como lo hacen con la mayoría de herramientas ocultistas.[37]

Maureen Davies de Reachout Trust, en Gran Bretaña, investiga el abuso ritual, y trabaja con sus víctimas. Ella confirma que los satanistas, "organizan fiestas en donde se presenta la tabla Ouija o el tarot... Gradualmente son presentados a una tercera persona quien les dirá que Satanás tiene el poder".[38]

Como resultado de su actividad satánica, a la edad de 16 años Sean Sellers, asesinó al empleado de un almacén de artículos para el hogar, a su madre y a su padrastro. El describe así su propia experiencia:

> Cuando yo era un satanista, usábamos con frecuencia la Ouija como una forma de introducir a las personas en el ocultismo. Sabíamos que muchos aceptaban la tabla Ouija como algo inofensivo, y una vez teníamos a una persona jugando, era sólo cosa de esperar antes de que estuviera de acuerdo para unírsenos en un ritual satánico.[39]

El vicario George Mather trabajó en la Institución Correccional del estado de Massachusetts en Bridgewater donde "conocí a varios pacientes en la sección de los criminales dementes que al parecer habían llevado vidas normales y productivas hasta que comenzaron a jugar con la tabla Ouija... Un ex satanista admitió que su involucramiento comenzó con una tabla Ouija. Afirmó que siempre había tenido curiosidad por las cosas tabú. La curiosidad se convirtió en fascinación".[40] El artículo no precisa la edad que el paciente tenía cuando comenzó a usar la tabla, o cuando se volvió satanista, pero la conexión entre el satanismo y la Ouija con seguridad existió en su caso.

De acuerdo con Johanna Michaelsen, algunos satanistas usan la tabla Ouija para adivinación.

> He hablado con aquellos que han tenido vinculación personal directa con el satanismo quienes me dicen que algunos satanistas, sin duda, usan la tabla Ouija para la adivinación. Varios oficiales de la policía me han confirmado este hecho. Por lo menos una pandilla de jóvenes, estilo satanista, en California del Sur, usaba la tabla Ouija para escoger el nombre de la siguiente víctima de la pandilla entre una lista de quienes ellos consideraban "los más vulnerables a su control mental".[41]

Uno de mis estudiantes escribió la siguiente respuesta a mi cuestionario, en cuanto al ocultismo:

> La tabla Ouija me ha funcionado varias veces porque yo solía ir a reuniones en San Francisco donde se veneraba a Satanás, y una de las principales formas para comunicarse con él y sus demonios era la tabla Ouija. No he estado en el mismo salón con una de ellas desde entonces, pero conozco los peligros.

En su discusión sobre la tabla Ouija, los autores de *The Seduction of Our Youth (La Seducción de Nuestros Hijos)* escriben: "Se sabe que los satanistas irrumpen en las fiestas de la tabla Ouija para ayudar a los participantes a aprender cómo 'realmente usar el juego'".[42]

Además de su conexión con el satanismo, la tabla Ouija también es usada para reclutar adolescentes en otras prácticas ocultas, como un autor cristiano lo descubrió en su conversación con un antiguo hechicero. "'Yo comenzaba con la tabla Ouija', me dijo. 'Los niños pensaban que era divertido. Luego los animaba a pasar a la astrología'. El continuó dando detalles de las formas sutiles como los jóvenes son atrapados antes de que se den cuenta".[43]

Larry Jones, presidente de Cult Crime Impact Network (Red de Impacto del Culto al Crimen) y editor de *File 18* Newsletter, afirmó:

> Ha habido una serie de situaciones en los últimos siete años que han involucrado tablas Ouija como un paso en la espiral descendente hacia el ocultismo. Es una herramienta fuerte de reclutamiento que despierta el interés por lo oculto. En muchos casos de "liberación", parece que el uso de la tabla (o una reproducción) fue el punto de entrada para los controles y hostigamientos demoníacos en la vida de la persona... En mi opinión, es más una herramienta de reclutamiento que el instrumento básico de dirección y control para un comportamiento seriamente desviado.[44]

Películas. La tabla Ouija ha sido caracterizada en varios argumentos de cine: *Deadly Messages* (Mensajes

Mortales) puesta en cartelera en "ABC Thursday Night Movie", el 21 de febrero de 1985. *Witchboard (Tabla de Brujería)* llegó a los teatros el 13 de marzo de 1987. *And You Thought Your Parents Were Weird* (Y tú Pensabas que tus Padres eran Extraños) apareció en 1992. y *Witchboard II: The Devil's Doorway* (Tabla de Brujería II: La Puerta del Demonio) fue exhibida en 1993.

Deadly Messages (Mensajes Mortales) fue promocionada en la guía de televisión del periódico, así: "¿Es un juego de mesa, o puede predecir el futuro? ¿Es un juguete para los niños, o una puerta al mundo de los espíritus? Ahora ha entregado un mensaje mortal: VOY A ASESINARTE".[45] Tanto Cindy (más tarde asesinada) como Laura (quien presencia el crimen) usan la tabla Ouija en lo que parece ser una típica sesión espiritista. "¿Hay alguien allá?" "¿Cómo te llamas?" Linda se obsesiona con la tabla, y tiempo después es poseída. La película presenta manifestaciones de un espíritu malo, típicas del uso serio de la tabla Ouija, tal como el movimiento de la planchette sin el toque de las manos de alguien, profanación, baja temperatura del cuarto, desorden en la casa, y la gran fuerza de la persona poseída. Con seguridad esta película no presenta la tabla Ouija como un juego, o juguete.

Witchboard es una película clasificada como de terror, que está disponible en video, al igual que su continuación. La publicidad para esta película, dice: "Cuando usted le abre la puerta a lo desconocido no sabe quién entrará..., o quién traerá muerte".[46] El instrumento usado en *Witchboard* es una variación de la tabla Ouija. El resumen en la cubierta del video, dice: "Los escolares que juegan con una tabla Ouija hacen contacto con un espíritu demoníaco llamado Malfeitor quien posee a uno de ellos, y lo induce a asesinar". Los estudiantes están "jugando" con la tabla para ponerse en contacto con los difuntos.

Randy Emon llamó mi atención a la tercera película. "Con frecuencia me pregunté por qué un adolescente jugaba con una tabla Ouija, y llegué a unas cuantas conclusiones (él menciona presión de los compañeros y curiosidad), mientras que otros estuvieron intrigados con ella por películas tales como una reciente llamada: *And You Thought Your Parents Were Weird*" (Y Tú Pensabas que Tus Padres eran Extraños).[47] Emon llevó a su familia a ver la película, sin darse cuenta de que ella caracterizaba una variación de la tabla Ouija llamada El Oráculo. La película apareció en los teatros en 1991, y pronto estuvo disponible para alquiler en video. La portada del video, dice:

> ¡Alístese para esta comedia de aventura de alta tecnología, donde la obra de un chico mago nunca es completamente terminada! Los adolescentes Josh y Max Carson (realmente en la película Max sólo tiene 10 años), pasan su tiempo libre construyendo un encantador robot llamado "Newman". Las cosas se salen un poco de las manos cuando Beth, la hermosa novia de Josh se pone en contacto con el espíritu de su padre, a través de la tabla Ouija, y finaliza dejando a su fantasma en el invento de Josh.

La película aparece en la sección de entretenimiento familiar de la tienda local Blockbuster Video, y también es anunciada en el canal Disney. ¿Qué mensaje comunica esta "comedia de aventura de alta tecnología?" Josh Carson va a una fiesta del Halloween y encuentra a su novia Beth actuando como médium con una tabla Ouija. Ella le dice a Josh que la pruebe. Cuando Josh quiere saber de qué se trata, una chica espectadora le dice que es un teléfono al cielo. Beth dice: "Ven, coloca tus dedos aquí y abre tu mente. ¿Hay alguien con quien quieres ponerte en contacto?" Josh responde: "¿Qué? No". Beth entonces pregunta dos veces. "¿Hay alguien que se quiera poner en contacto con Josh Carson? De repente la planchette hace un rápido movimiento que los sorprende. Después de colocar sus dedos otra vez en ella, comienza a deletrear: "P-A-P-A, ¿papi?" Josh murmura: "Muy divertido", mientras se levanta y sale. Beth dice: "Espera Josh, no hice nada, te lo juro". En este momento la escena cambia a una de cielo claro donde una estrella caída entra a la casa de

Carson. Este suceso marca el regreso del fallecido señor Carson quien toma posesión de un robot.

El señor Carson se revela primero a sus hijos, y más tarde a su esposa. El le atribuye a Beth su regreso, por medio del uso de la tabla. Cuando el robot que contiene al señor Carson es robado, usan la tabla para saber dónde está. Albert Einstein es el contacto esta vez. Josh pregunta: "Dr. Einstein, ¿usted sabe dónde está mi padre?" El robot desensamblado es recuperado, y se vuelve a armar. El señor Carson les dice: "Me deben dejar regresar. Ahora yo pertenezco allá", y con la ayuda de Einstein, regresa al cielo.

La película deja la impresión de que la tabla es una forma benigna y exitosa para ponerse en contacto con los difuntos que pueden regresar, aconsejar y ayudar a las personas vivas.

Impacto en los Jóvenes Adultos. Aunque esta sección básicamente tiene que ver con adolescentes, hay una conexión legítima entre el uso temprano de la tabla, y su impacto subsecuente en los jóvenes adultos, aunque dicho uso no haya sido serio o continuo. En mi investigación descubrí un elemento que se repetía una y otra vez. Parece que con frecuencia la Ouija proporciona predicciones correctas en cuanto a sucesos futuros, aunque no es infalible. A menudo la tabla predice la muerte de una persona, a una edad particular, o en cierto año. Aunque estas fechas usualmente resultan ser incorrectas, algunos jóvenes se perturbaron tanto con estas profecías, que llegaron a estar emocionalmente devastados, y algunos hasta cometieron suicidio (véase el capítulo 7 en donde se encuentra el relato de dos chicas suizas que se suicidaron). En la mayoría de estos casos, los adolescentes continuaron perturbados hasta que el año, o la edad profetizada pasó. Veamos a continuación dos ejemplos de este temor, originado en la Ouija:

En una carta a "Dear Abby", una señora de 25 años, madre de dos hijos, escribe: "A la edad de 13 años, estaba perdiendo el tiempo neciamente con una tabla Ouija cuando recibí un mensaje de mi abuela fallecida diciendo que me vería en el cielo en mi cumpleaños 26, lo cual significaba que yo moriría ese día en un accidente". Ella obviamente tomó en serio la predicción porque le dijo a su esposo "que se casara pronto después" de su muerte para que los niños no estuvieran "sin una madre". Luego añadió: "Abby, por alguna razón no puedo olvidarlo... Sólo tengo 11 meses para prepararme, si la tabla Ouija estaba en lo cierto... Estoy terriblemente confundida y muy asustada".[48]

Hace varios años una mujer me escribió acerca de su problema:

> En 1963, durante una fiesta tranquila, un grupo de chicas (yo *no*) hicieron la pregunta: "¿Morirá alguna antes del año 2.000?" ¡La "Tabla" indicó que *yo* moriría en 1997! Lo que en realidad me molesta es que *no he* olvidado lo que dijo la estúpida tabla Ouija, y ¡con frecuencia pienso en eso! Estoy *furiosa* porque lo pienso, y ¡eso no debería molestarme! ¿Podrías ayudarme a NO preocuparme más por eso?[49]

Esta mujer es un caso típico de muchas otras que permanecen psicológicamente esclavizadas a la predicción de la tabla Ouija pues ¡en este caso todavía le molestaba 26 años después del suceso! El daño espiritual que puede resultar del involucramiento con el ocultismo es de naturaleza más seria. Neil Anderson escribe que sus "conferencias están llenas de buenos cristianos... que luchan por la victoria en sus vidas diarias, porque durante su niñez se metieron con lo oculto. Lo hicieron inocentemente por curiosidad, o a propósito".[50]

Este capítulo proporciona varios ejemplos de efectos perjudiciales de la tabla Ouija entre niños y adolescentes. La tabla Ouija no es promocionada sólo como un juego, sino también como un instrumento legítimo de adivinación. A veces, para involucrar abiertamente a los niños o a los adolescentes en otras prácticas ocultas, son animados a usar la tabla Ouija. En algunos casos estas experiencias afectan tremendamente sus vidas, años después.

Este capítulo ha probado que los niños y los adolescentes están especialmente en peligro cuando pasan a ser usuarios de la Ouija.

Notas

1. John Godwin, *Occult America* (América Oculta) (Garden City, N. Y.: Doubleday, 1972), 272.
2. Gregg Reid: *The Occult Nightmare* (La Pesadilla Oculta) (El Paso, Tex.: Youthfire, n.d.), 1.
3. Toda la información que se proporciona en esta sección viene de *The Missing Princess (La Princesa Perdida)*, The World of Teddy Ruxpin (El Mundo de Teddy Ruxpin) libro de historietas y cassette (Northridge, Calif.: Alchemy Communications Group, 1985).
4. Patricia Windsor: *How a Weirdo and a Ghost Can Change Your Entire Life (Cómo un ser Extraño y un Fantasma Pueden Cambiar toda Tu Vida)* (New York: Delcorte, 1986), página de derechos de autor.
5. Ibid., 25-26.
6. Ibid., 53.
7. Ibid., 71.
8. Ibid., 88.
9. Ibid., 122-123.
10. Terry Ann Modica: *The Power of the Occult* (El Poder de lo Oculto) (Avon-by-the Sea, N. J.: Magnificat Press, 1988), 1.
11. Ibid., 1-4.
12. Terry Ann Modica: *The Dark Secret of the Ouija* (El Secreto Oscuro de la Ouija) (Westwood, N. J.: Barbour, 1990).
13. Neil T. Anderson y Steve Russo: *The Seduction of Our Children* (La Seducción de Nuestros Hijos) (Eugene, Ore.: Harvest House, 1991), 80.
14. "Apéndice 1. Resumen de las Audiencias Públicas: Sesiones 1 al 5", Ontario-Montclair School District, 1987; Informe del Comité, 15 de junio de 1987.
15. Informe del Comité, Tema # 3.
16. Johanna Michaelsen: *Like Lambs to the Slaughter* (Como Corderos al Sacrificio) (Eugene, Ore.: Harvest House, 1989), 54.
17. Ibid., 61.

18. Berit Kjos: *Your Child and the New Age* (Su Hijo y la Nueva Era) (Wheaton, Ill.: Victor, 1990), 27. Douglas Harris de Reachout Trust, en Gran Bretaña, habla con frecuencia de lo oculto en los colegios. El escribe: "En cada clase hay por lo menos 3 ó 4 que admiten haber jugado con tablas Ouija, y frecuentemente el número es mayor. No cabe duda de que existe una actividad de juego con la tabla Ouija, muy pública, y también una cifra cada vez mayor de actividad oculta en nuestros colegios" (Douglas Harris, carta al autor, 29 de septiembre de 1992).

    Una maestra de Escuela Dominical para estudiantes de tercero y cuarto grados, en mi propia iglesia, me dijo que había pasado la mitad de la clase discutiendo y respondiendo preguntas sobre la tabla Ouija. Ella descubrió que muchos estudiantes habían encontrado la tabla en los colegios, o en las casas de sus amigos. En una nota escribe: "Me sorprendió que sólo uno de los siete u ocho estudiantes sabía que la tabla Ouija era, por lo menos, peligrosa, y, peor aún, que era pecaminosa (esto en una clase de niños que asisten regularmente a la iglesia). Su curiosidad era sorprendente". Los niños hicieron una erie de preguntas tales como: "¿Por qué es malo?" "¿Y qué sucede si sólo observo mientras otro juega con ella?" "¿Por qué es peligrosa?" La maestra además dijo: "Me preocupó lo disponibles que se encontraban esas cosas para los niños que no estaban preparados para manejar estos peligros. Me preocupó e impresionó el tono general de sus preguntas, tales como: '¿Qué tanto puedo acercarme al fuego sin quemarme?'" (L. G., conversación con el autor, 18 de julio de 1993, y carta al autor, 22 de julio de 1993).

19. Hans Bender: "Psicosis en el Cuarto de Sesiones Espiritistas", en *The Satan Trap* (La Trampa de Satanás), Ed., Martin Ebon (New York: Doubleday, 1976), 231-238.

20. Stoker Hunt, Ouija: *The Most Dangerous Game* (Ouija: El Juego más Peligroso) (New York: Barnes and Noble, 1985), 12-13.

21. Ibid., 13.

22. Anderson y Russo, *Seduction* (Seducción), 34-35.

23. Ibid., 35, 42.

24. Oficina de Planeación y Justicia Criminal del Estado de California. Invierno 1989-1990.

25. Oficina de Planeación y Justicia Criminal, Research Update (Investigación a la Fecha) (Special Edition), 4, 47.

26. Randy Emon, carta al autor, 9 de mayo de 1992.

27. Randy Emon: "Symptoms of Occult Activity Involvement" (Síntomas de Involucramiento en Actividad Oculta).

28. Randy Emon, carta al autor, 20 de abril de 1992. Esta carta contenía la transcripción.

29. Ebon: *The Satan Trap* (La Trampa de Satanás), IX.

30. Pat Pulling: *The Devil's Web* (La Telaraña del Diablo) (Lafayette, La.: Huntington House, 1989), 104.

31. Al Menconi con Dave Hart: *Today's Music: A Window to Your Child's Soul (Música de Hoy: Una Ventana al Alma de Su Hijo)* (Elgin, Ill.: Cook, 1990), 78-79.

32. Chris Willman: "Morrisey Mania at Hollywood Bowl" (Mania Morrisey en la taza de Hollywood), *Los Angeles Times*, 12 de octubre de 1992, Pág. F-1.

33. "Devil of a Row Over Hit (Demonio de una Lista de Exitos)", *The Star (La Estrella)* London, 7 de diciembre de 1989.

34. Morrissey: "Bona Drag" (Buena Resistencia) (New York: Sire Records, 1990). No tuve dificultad en encontrar el cassette con "Ouija Board, Ouija Board", en una tienda local de música, durante el verano de 1993.

35. Greg Reid: *Teen Satanism* (Satanismo entre Adolescentes) (Columbus, Ga.: Quill Publications, 1990), 11-12.

36. Ibid., 13-14.

37. Greg Reid, carta al autor, 17 de septiembre de 1992.

38. Maureen Davies: *File 18 Newsletter* (Octubre de 1989): Pág. 1.

39. Sean Sellers: *Web of Darkness* (Telaraña de Oscuridad) (Tulsa, Okla.: Victory House, 1990), 91. Sellers sigue en prisión, pero ahora es cristiano.

40. George A. Mather y Larry Nichols: "Doorways to the Demonic" (Puertas a lo Demoníaco), *Lutheran Witness* (Octubre de 1987): Pág. 5.

41. Michaelsen, *Like Lambs (Como Corderos)*, 66-67.

42. Anderson and Russo, *Seduction (Seducción)*, 81.

43. John Weldon y Clifford Wilson: *Occult Shock and Psychic Forces (Choque Oculto y Fuerzas Psíquicas)* (San Diego, Calif.: Master Books, 1980), IX-X.

44. Larry Jones, carta al autor, 17 de agosto de 1992.

45. *Los Angeles Times,* 21 de febrero de 1985.

46. *Los Angeles Times* (Almanaque), 8 de marzo de 1987.

47. Randy Emon, carta al autor, 20 de abril de 1992.

48. *Los Angeles Times,* 15 de febrero de 1977.

49. V. S., carta al autor, 5 de abril de 1989.

50. Anderson and Russo, *Seduction (Seducción).*

7

Casos Jurídicos e Informes Periodísticos

Tanto directa como indirectamente la tabla Ouija ha sido destacada en una serie de casos jurídicos interesantes, y a veces trágicos. Muchas personas han tenido experiencias inusuales y también aterradoras con la tabla. De vez en cuando los periódicos informan de incidentes que involucran la tabla Ouija y a sus usuarios, y en algunas oportunidades hasta advierten de sus peligros latentes.

Casos Jurídicos

En el capítulo 2 examinamos el caso de *Fuld versus Fuld,* y el pleito de Baltimore Talking Board Company contra Internal Revenue Service sobre el status de juego que debería tener la tabla. Además, ésta ha aparecido en una serie de otros casos jurídicos de los cuales describimos a continuación varios ejemplos.

***Caso Twain de Derechos de Autor*.** El 28 de julio de 1918, el periódico anunció que Harper y Brothers habían puesto una demanda contra Mitchell Kennerley, editor de *Jap Herron*. Harper and Brothers, editores de las obras de Samuel Clemens y propietarios de los derechos de autor para el seudónimo *Mark Twain*, argumentaban que *Jap Herron, supuestamente* dictado por el espíritu de Twain, a la señora Hutchings, era claramente inferior a los propios libros de Twain y podía afectar su reputación. La novela, "de acuerdo a la introducción, le fue comunicada, vía tabla Ouija, a la señora Emily Grant Hutchings", quien insistió en que ella y Twain tenían una relación de tú a tú.[1]

Entierro Secreto. En febrero de 1921 apareció un artículo con el siguiente encabezamiento: "En el Jardín: Enterrada una Anciana en Secreto". La hija y la nieta de la anciana de 91 años, Nancy Chamberlain, se deshicieron de su cuerpo en el jardín ubicado detrás de su casa.[2] En la investigación judicial, la señora Ruth Townsend, hija de la fallecida, "declaró que 'el primer poder' la había dirigido a mantener el cuerpo de su madre en la casa, durante 15 días antes de enterrarla". Y añadió: "Disfrutamos cada minuto de ello".[3]

Cuando se le informó a la señora Townsend que sería entregada "al Hospital Psiquiátrico hasta que fuera libre de las alucinaciones religiosas", ella se echó a llorar, y declaró que "la tabla Ouija era la culpable de todos sus problemas". Luego explicó sus experiencias con ella:

> Marion y yo estudiábamos con la tabla Ouija... Comenzamos recibiendo sermones del más allá. Conservamos cientos que escribimos a máquina... Todos provenían de la tabla Ouija.
>
> Marion no creía en espíritus, y yo misma dudaba. Pero después de que la tabla Ouija nos estuvo hablando por varios días, sencillamente teníamos que creer.[4]

Este relato ilustra de qué manera las personas pueden llegar a convencerse del poder de la tabla, y seguir cuidadosamente su orientación. La señora Townsend fue recluida en un hospital mental, y su hija fue a vivir con una acaudalada familia.[5]

Intento, y Casos de Asesinato. El 27 de diciembre de 1933, el *New York Times* informó la siguiente horrible historia:

> San Diego, Calif. 26 de diciembre (AP). Ernest J. Turley, de 46 años de edad, oficial naval retirado, murió hoy en el Hospital Naval de esta localidad por las heridas de bala que le provocó su hija Mattie de 15 años...
>
> La hija testificó en una Corte Juvenil de Arizona que en una sesión espiritista con su madre, la tabla Ouija le dijo que asesinara a su padre para que su madre... "se pudiera casar con un joven vaquero".[6]

La familia vivía en un rancho de Arizona donde la señora Turley se involucró sentimentalmente con un vaquero, y no podía decidir entre él o su esposo. Ella le pidió respuesta a la tabla Ouija. Mattie explicó lo sucedido y cómo asesinó a su padre:

> Mamá le pidió a la tabla Ouija que decidiera entre mi papá y su amigo el vaquero. Como de costumbre, al principio la tabla se movió alrededor sin significado, pero de repente, deletreó que yo tenía que asesinar a mi padre. Fue terrible. Me estremecí. Mamá le preguntó a la tabla Ouija si el disparo sería certero, y respondió que sí... Le preguntamos qué se deberia usar en el asesinato, y dijo que una escopeta... Le preguntamos en cuanto a la ley, y dijo que no temiéramos porque todo saldría bien. También le preguntamos por el monto del seguro, y dijo que 5.000 dólares. Traté de asesinar a mi padre al día siguiente, pero no pude. Me puse nerviosa. Sin embargo, unos días más tarde, lo seguí al corral, levanté la escopeta y apunté cuidadosamente entre los hombros, y de nuevo me puse nerviosa. Pero pensé en mi querida madre y en todo lo que esto significaría para ella. No podía fallar. Mi mano temblaba horriblemente, pero levanté la escopeta y disparé.[7]

Tanto Mattie como la señora Turley fueron declaradas culpables de asesinato por un jurado de Arizona. Mattie tuvo que pagar una sentencia de seis años en la escuela estatal para niñas en Randolph, y su madre recibió una sentencia de 10 a 25 años en prisión, pero la

Corte Superior dio marcha atrás a la decisión, y fue liberada.[8]

En 1935, en Kansas City, Herbert Hurd, de 77 años, un trabajador de vías férreas, asesinó a su esposa Nellie. El afirmó que fue obligado a hacerlo por la influencia de la tabla Ouija en su vida. Herbert declaró: "Los espíritus le habían dicho a través de la Ouija que yo estaba muy enamorado de otra mujer, y que le había dado 15.000 dólares de una fortuna escondida". La señora Hurd hasta había contratado a un detective para que vigilara a su esposo. Cuando su informe apoyó la fidelidad del señor Hurd, Nellie ensayó una nueva táctica: Lo hirió con una pistola, lo ató con una correa a la cama, lo golpeó, quemó y torturó buscando una falsa confesión. Como él no pudo convencerla de que la tabla Ouija le había mentido, e incapaz de aguantar el trato que estaba recibiendo, la asesinó.[9]

Anderson y Russo cuentan un caso más reciente de un fallido intento de asesinato: "Un joven de Arkansas influenciado por una canción de la banda de heavy metal Slayer trató de asesinar a sus padres con una porra y un cuchillo de carnicería. El chico dijo que consultando una tabla Ouija, había escuchado voces que lo instruían sobre asesinar a sus padres".[10]

Informes Periodísticos

A veces los periódicos informan sobre incidentes significativos de experimentación con la Ouija,[11] lo cual revela su popularidad no sólo en América, sino también en Europa, especialmente en Inglaterra.

Histeria estudiantil. La experimentación con la tabla Ouija también tiene la capacidad de afectar el comportamiento de grupos humanos. La siguiente historia apareció en *el New York Times* con el título. "La Policía Dice que la Prueba de Hipnosis Llevó al Tumulto Escolar".

> Hoy los estudiantes y maestros de un colegio militar aquí "enloquecieron", después de una demostración de hipnosis en una clase de ciencias, dijo la policía.
>
> Después de la clase "los maestros y los estudiantes corrían por todas partes rompiendo las cosas". Hicieron huecos a patadas en las paredes, y derribaron las puertas en la Miami Aerospace Academy, dijo Harry Cunnill, un oficial de la policía.
>
> Ninguno de los 300 estudiantes quedó seriamente herido, pero un joven no identificado fue llevado al hospital después de que rompió el vidrio de una ventana con su mano, dijo la policía.[12]

¿Cómo se relaciona este caso con la tabla Ouija? Sólo dos días más tarde, fue dada a conocer la verdadera causa de lo que sucedió, bajo el titular: "Miami School: La Histeria Estuvo Relacionada con la Tabla Ouija". El artículo hablaba de cómo "las clases regresaron a la normalidad en un colegio militar, después de un brote de histeria atribuido primero a la hipnosis, y más tarde a un juego de tabla Ouija". El maestro de la clase renunció "diciendo que un juego con la tabla Ouija se había salido de control... 'Todos se alborotaron y surgió el disturbio...' Algunas chicas gritaban que había un espíritu dentro de la tabla".[13]

Este tipo de episodio no es único en Norteamérica, como lo ilustra el siguiente relato:

> El director de un colegio en Essex fue confrontado por una docena de aterrorizados estudiantes de 15 años que estaban buscando ayuda después de jugar con tablas Ouija hechas en casa, un sencillo instrumento para comunicarse con fuerzas externas.
>
> Los maestros del colegio estaban sorprendidos ante el comportamiento de los involucrados, como: Un chico de 15 años que se mantuvo erguido en una clase de geografía, mientras le gritaba a un espíritu que se quitara de su hombro, antes de salir corriendo del salón, y del colegio.[14]

Comportamiento Extraño. En su artículo sobre vampiros, el reportero Daniel St. Albin Greene incluyó el extraño caso del adolescente, Carl Johnson, quien tenía la compulsión de beber sangre. ¿Qué le hacía tener un impulso tan repugnante? "Las 'voces' y otras cosas misteriosas empezaron cuando él y su hermana comenzaron a jugar con una tabla Ouija hace unos pocos años, recuerda él. Esto lo llevó a pesadillas, depresión progresiva y a un intento de suicidio". Luego Carl comenzó a experimentar sed de sangre y hasta organizó un círculo satánico. Estaba tan dominado por esos impulsos que temía por su salud mental. Los intentos por ayudarlo sólo tenían éxito temporal, y las "voces" y ansiedad regresaban. Compartió su experiencia "para advertirle a otros que uno puede ser absorbido por estas prácticas, sin darse cuenta".[15]

Suicidios. Un periódico de Londres reportó el siguiente relato trágico: "Horror de niñas escolares en una Sesión Espiritista para Suicidio". El autor John Marshall cuenta el incidente de dos niñas que vivían cerca de Zurich, Suiza.

> Dos niñas escolares, que se metieron con lo oculto, se suicidaron después de que una tabla Ouija dijo que morirían jóvenes.
>
> Las niñas, de 13 y 14 años, recibieron un mensaje durante una sesión espiritista en cuanto a que tendrían vidas trágicas y morirían antes de los 18 años.[16]

"Tomadas de las manos, las dos niñas saltaron 200 pies". Inicialmente había tres miembros en el pacto suicida, pero la tercera decidió no participar, poco antes de que saltaran.

Las amigas de las niñas, en el colegio, declararon que las participantes en la sesión espiritista llegaron a creer en los mensajes de la tabla por una predicción cumplida. "Durante una sesión espiritista con la tabla Ouija, las niñas creyeron que una del cuarteto (original) dejaría el grupo..." El que una chica saliera porque había encontrado novio "hizo que las otras tres tomaran en serio lo que veían en la tabla Ouija".

Advertencia de Psychic News. Los peligros latentes para los niños que usan la tabla Ouija son tan obvios que incluso el *Psychic News*, notable periódico *espiritista* inglés, que tiene la circulación más grande del mundo, hizo una campaña oponiéndose a la venta de la tabla. El artículo de Roy Stenman: "Ouija, the Children's 'Game' that Spells Danger" (Ouija, el 'Juego' de niños que Deletrea "Peligro", advirtió:

> A menos que se tome una acción urgente, miles de niños encontrarán un "juego" psíquico potencialmente peligroso en sus medias de navidad este año. Las tablas Ouija, sin la advertencia adecuada sobre sus peligros, ya están en las tiendas...
>
> El mercadeo y la promoción enfatizan que son "juegos". Se venden al lado de la escalera, parqués y otros pasatiempos inofensivos. En realidad puede ser mentalmente peligroso "jugar" con...
>
> Las perturbaciones mentales que podrían resultar de este juego han sido reportadas a las autoridades publicitarias. Un acercamiento similar se está haciendo ahora a las compañías de televisión responsables de llevar a cabo la publicidad...

Ningún padre responsable le querrá dar a su hijo un "juguete" que podría perturbar seriamente su mente, y posiblemente sembrar temores y fobias en el inconsciente, cosa que es capaz de hacer una tabla Ouija. Los fabricantes dicen que los temores en cuanto al juego son "infundados". Ellos hablan con la voz de la inexperiencia...

> Simeon Edmunds, un miembro de SPR (Society for Psychical Research, Sociedad para la investigación psíquica), expresando una opinión personal, me dijo (al reportero) la semana pasada: "Cualquier persona responsable, sin importar sus opiniones en cuanto al origen de los mensajes de la tabla Ouija, estaría de acuerdo en que este no es un juego para niños".

Edmunds añadió que el conocía "una serie de casos donde un daño muy real había sido producido", por jugar con tablas Ouija.[17]

El artículo incluía la historia de una estudiante de 14 años quien creía que había hecho contacto con un espíritu que aseguraba haber sido asesinado durante el reinado de Carlos I. Ella recibió la orden de ir a un pueblo vecino con una amiga, donde desenterrarían las armas y el dinero del espíritu. La niña luego imploró: "Tengo que ir porque si no lo hago, algo horrible me sucederá. POR FAVOR, ayúdeme. Yo estoy un poco trastornada por esta idea. Mi amiga debe ir conmigo ¡en un tren!, y ambas vamos a llevar palas".[18]

El artículo concluye, diciendo:

> Pedimos a Waddingtons (los fabricantes) que lo piensen otra vez, y saquen este "juguete" del mercado. Pedimos también al Ministerio de Salud que averigüe los efectos mentales perjudiciales del "juego", antes de que alguien resulte perjudicado.
>
> Por los niños y adolescentes de todas partes, esto debe hacerse ahora.[19]

Sacrificio de Gatos. Un corto artículo en un periódico de Londres informó sobre la incineración sacrificial de un gato. Los detectives interrogaron a los adolescentes acerca de "las cenizas de gato encontradas en una playa en Clevedon, Bristol. El animal pudo haber sido clavado en unas estacas, e incinerado al aire libre". El rector del colegio integral de Clevedon dijo creer que algunos de los estudiantes "'habían estado involucrados al lado de un grupo de jóvenes y adultos que toman parte en actividades satánicas'. La policía dijo que varios alumnos se involucraron con tablas Ouija y luego dieron un paso más allá".[20]

Un Caso "Obsesionante". El *L. A. Times* informó acerca de las experiencias de Jackie Hernández, y su hijo de dos años.[21] Jackie se separó de su esposo en el invierno de 1988-1989. Las experiencias obsesionantes comenzaron después de que se fue a vivir a una casa campestre en

San Pedro. La característica más inusual en este caso es que la obsesión continuaba donde quiera que ella iba, aún después de que se fue a vivir a Kern County. "La experiencia, penosa", dice ella, "fue una pesadilla grado A, que me hacía despertar, en medio de luces extrañas, bruma de colores, apariciones y un fétido líquido parecido a sangre que manaba de las paredes". El fenómeno "comenzó lentamente... El gato perseguía sombras extrañas en la casa; voces murmuraban en el ático... ella veía volar los lápices del portalápices, y creía que estaba alucinando, quizá debido a su embarazo". Pero después del nacimiento de su hija, vio la aparición de un "anciano deforme", y tuvo una pesadilla en la que experimentó la lucha de una víctima de asesinato.

El parasicólogo Barry Taff ha investigado unos 3.000 casos de lo sobrenatural, muchos de los cuales han resultado ser fraudulentos. La señora Hernández lo invitó a visitar la residencia de San Pedro y el trailer en Kern County con su personal investigativo. Taff concluyó que algo fuera de lo normal estaba sucediendo.

El artículo menciona el uso de la tabla Ouija dos veces. "La señora y sus amigos dicen que establecieron, vía tabla Ouija, un posible vínculo con un hombre de 60 años, del que sospecharon había sido asesinado. Quizá ese era el asesinato con el que ella soñaba". En el otoño de 1989 Jackie Hernández regresó con su esposo, y se fueron a Kern County. El intento de reconciliación falló después de unos cuantos meses porque su esposo la abandonó, y los fenómenos comenzaron de nuevo. Taff y sus asistentes una vez más visitaron el trailer, lo cual condujo a que utilizaran la tabla Ouija por segunda vez.

> Cuando ellos llegaron, ingresaron a lo que Jackie describe como un torbellino. Para comenzar, los investigadores no pudieron hacer funcionar sus cámaras de video porque algo permaneció apagando el equipo.
>
> En parte por desesperación ella sugirió que los investigadores ensayaran la tabla Ouija. Recuerda que

cuando comenzaron, su tabla empezó a temblar, y que la sesión finalizó cuando el fotógrafo Wheatcraft fue arrojado por una fuerza invisible contra la pared del trailer.

Jackie cree que el mensaje de la Ouija en cuanto a la muerte sospechosa de asesinato fue la razón del fenómeno sobrenatural. En el verano de 1990 ella regresó a vivir en los Angeles, a la casa de una amiga, y las manifestaciones han ido disminuyendo. "Más o menos en el último año, Jackie afirma haber experimentado pocas visitas". El artículo no indica la frecuencia del uso de la Ouija por parte de ella, o si la usaba antes de que empezaran las manifestaciones en la casa campestre de San Pedro.

AWOL (Ausentes sin Permiso) Especialistas de Inteligencia. Este caso es a veces conocido como el caso de "The Gulf Stream Six". Con frecuencia los informes de este incidente son sensacionalistas e inexactos. El área de Gulf Breeze, Florida, ha sido descrita "como un semillero de observación de platillos voladores".[22] El editor de Gulf Breeze Sentinel, estimó "que en los últimos dos años y medio, ha escuchado de observaciones de OVNIS, de por lo menos 200 personas, incluyendo sus padres". Nos enfocaremos en el arresto de "seis jóvenes soldados, AWOL (ausentes sin permiso), de sus puestos de máximo secreto en el ejército en Augsburg, Alemania Occidental. De acuerdo con sus amigos, los soldados habían venido aquí para ser testigos del fin del mundo".[23]

Jacques Vallee analiza este caso en su libro *Revelaciones*. "El 9 de julio de 1990, tres semanas antes de la invasión de Kwait por Saddam Hussein, seis especialistas de Inteligencia del Ejército de los EE. UU. desertaron de sus posiciones en Augsburg, Alemania".[24] En la noche del 13 de julio, uno de los seis soldados fue detenido por un oficial de la policía de Gulf Breeze, por conducir su carro con un faro roto. Una revisión en el computador reveló que el hombre era buscado por el Ejército. Poco tiempo después, los restantes cinco soldados fueron ubicados, cuatro de ellos en la casa de Anna Foster, amiga de uno de los soldados, quien era psíquica y trabajaba en una librería de la Nueva Era.[25]

Vallee explica lo que sucedió después de su arresto:

> Los seis soldados fueron rápidamente llevados de regreso tras la cerca en Fort Benning, Georgia, donde la Inteligencia del Ejército, CIA, y NSA... los interrogaron por tres días.
>
> Del Fort Benning, los seis desertores fueron rápidamente transferidos a Fort Knox, y comenzó a ocurrir una serie de extraordinarios sucesos. El ejército sencillamente los absolvió en una investigación rutinaria por espionaje, les emitió descargos generales, y fueron dejados en libertad.[26]

Vallee cuestiona si "los mensajes psíquicos recibidos por Vance A. Davis", uno de los soldados, fueron la verdadera razón por la cual los seis desertaron. El pregunta: "¿Es plausible que seis soldados inteligentes, que realmente demostraron no ser estúpidos, puedan haber sido engañados, y dar un paso tan radical como la deserción, solamente sobre la base de impresiones telepáticas?"[27] Vance Davis, dice: "Vallee no se puso en contacto con nosotros para revisar nuestra historia".[28]

¿Cuál es el papel de la tabla Ouija en esta serie de sucesos? La respuesta apareció en la emisión de Associated Press unos dos años después de que fueron puestos en libertad. El titular en el *Times Standard* de Eureka, dice: "Seis soldados desertaron según órdenes de la Ouija". Vance Davis fue la fuente para la historia de la A. P. El dice que los artículos periodísticos en cuanto a que los soldados fueron al Golfo Breeze a esperar la "Segunda Venida de Cristo en un OVNI", no eran ciertos. En realidad los soldados fueron al Golfo Breeze a visitar a una amiga, y no sabían de la fama del sitio por los OVNIS.[29]

Davis declara: "La razón por la cual dejaron sus puestos en la inteligencia del ejército fue muy sencilla: Los espíritus de la tabla Ouija les dijeron que eran necesarios para ayudar a guiar al mundo durante un cataclismo inminente". El grupo también fue informado en cuanto a que otros les ayudarían en su tarea. Después de permanecer callados por dos años, "ahora Davis dice que quiere contar la historia para clarificar sus antecedentes, y porque, de acuerdo con la tabla Ouija, unos disturbios raciales en Los Angeles serían la señal de que el grupo debía hacerse público".[30]

Davis explica que su experimentación con la tabla Ouija comenzó "inocentemente en noviembre de 1989", después de otros intentos psíquicos que habían fracasado. "Davis dice que los miembros del grupo 'tocaron varias puertas', hasta que finalmente ensayaron una tabla Ouija. 'Alguien se apareció'", dice, "estoy hablando espiritualmente".[31]

De acuerdo con Davis, la tabla predijo el comienzo de la Guerra del Golfo y el "terremoto de Irán en 1990". Hasta predijo que Saddam Hussein sería una "espina en el costado" de los Estados Unidos, dos años después de que la guerra terminara, y dio otros detalles.[32] Davis declaró además:

> A fines de mayo se nos dijo que pensáramos en tratar de salir del servicio porque algunas cosas serias sucederían en los siguientes cinco años, y estar en el servicio no nos ayudaría a crecer y convertirnos en lo que se suponía debíamos llegar a ser.[33]

Por eso los seis soldados tomaron la decisión de regresar a los Estados Unidos. Davis enfatiza que esa fue una decisión *de ellos*, y no de la tabla Ouija.

En mis entrevistas con Davis supe que los espíritus le dijeron que la comunicación a través de la tabla Ouija era necesaria porque los participantes no escucharían de otra forma. Los soldados usaron la tabla comercial de Parker Brothers. Dos de ellos la operaban regularmente, y los otros dos escribían el mensaje, o lo grababan. Al comienzo la planchette se movía lentamente, pero luego llegó a ser normal que lo hiciera con rapidez "(a la velocidad de la luz)", tanto que apenas podían seguirle el paso, y no siempre. Hubo un total de 9 a 10 sesiones en un período de ocho meses, con una duración hasta de 13 horas, o por lo menos siete. Davis estaba interesado en lo paranormal antes de que ellos comenzaran la experimentación, y fue por instigación suya que ensayaron con la tabla Ouija. Davis nunca la había usado, y quería probar o refutar que funcionaba.

Davis dice que ellos experimentaron la diferencia entre espíritus "buenos" y "malos". Había un cambio definitivo de "energía" cuando una presencia entraba al cuarto. Los espíritus comunicaban sus mensajes con perfecta ortografía y en contexto, pero con frecuencia eran bastante complejos. Los espíritus se identificaban como una dama anciana de Selma, Alabama, y como los discípulos Juan y Timoteo, quienes frecuentemente citaban el Nuevo Testamento, razón por la cual los soldados buscaban precisión verificando las citas en la Biblia.

Para cuando los soldados dejaron sus puestos en Augsburg, habían coleccionado unas 100 páginas con notas de la Ouija. Cuando fueron arrestados, el ejército les decomisó esas notas, y nunca se las devolvió. Los seis soldados siguen siendo buenos amigos en la actualidad. Provienen de diferentes trasfondos religiosos, incluso uno de ellos comenzó como ateo, pero esta experiencia con la Ouija cambió su forma de pensar.

¿Qué papel ha jugado la tabla Ouija en la vida de Davis desde entonces? El contestó: "No quiero volverla a tocar. No la necesito. No la he operado desde aquella experiencia". ¿Se la recomendaría a otros? La respuesta fue enfática: "No, especialmente a niños o jóvenes".[34] Este caso demuestra aún otro ejemplo donde las comunicaciones de la Ouija fueron tomadas tan en serio que cambiaron irrevocablemente las vidas de los participantes.

Los casos jurídicos y los artículos de prensa en este capítulo, ilustran el sorprendente impacto que puede tener la tabla Ouija en la vida de los usuarios. Estas experiencias también sirven como advertencia sobre las consecuencias de experimentar con ella.

Notas

1. *New York Times,* 28 de julio de 1918, III, Pág. 3.
2. *New York Times,* 17 de febrero de 1921, Pág. 32.
3. *New York Times,* 18 de febrero de 1921, Pág. 2.
4. *New York Times,* 20 de febrero de 1921, Pág. 16.
5. Ibid.
6. *New York Times,* 27 de diciembre de 1933, Pág. 40.
7. Paul Sann, *Fads, Follies, and Dellusions of the American People* (Manías, Locuras y Engaños de la Gente Americana) (New York: Crown, 1967), 143.
8. *New York Times,* 27 de diciembre de 1933, Pág. 40; enero 17 de 1934, Pág. 6; Sann, *Fads*, 143.
9. Sann, *Fads*, 143.
10. Neil Anderson y Steve Russo: *The seduction of Our children* (La Seducción de Nuestros Hijos) (Eugene, Ore.: Harvest House, 1991), 91-92.
11. Los artículos periodísticos sobre casos Ouija a veces son citados en otros materiales, pero sólo he incluido en esta sección casos de los que tengo copias, o he examinado.
12. *New York Times,* 26 de octubre de 1979, Pág. A-16.
13. *New York Times,* 28 de octubre de 1979, Pág. 26.
14. *Doorways to Danger (Puertas al Peligro)* (London: Evangelical Alliance, 1987), 6.
15. "It's Only Superstition, Right? (Es Sólo Superstición, ¿Cierto?) Real Vampires", *National Observer*, 1 de junio de 1974, Págs. 1, 16.
16. *Daily Express,* 26 de octubre de 1990. La cita y el siguiente recuento aparecen en este artículo.
17. Roy Stemman: "Ouija: the Childlren's Game That Spells Dangers (Ouija: El Juego de Niños que Deletrea Peligros)", *Psychic News*, 21 de septiembre de 1968, Pág. 1.
18. Ibid., 1, 8. Rev. Russell Parker, funcionario de The Acorn Christian Healing Trust en Gran Bretaña observa: "Los espiritistas no dan en realidad una razón adecuada del porqué los espíritus de la tabla Ouija están equivocados y los espíritus de su propia práctica son aceptables.

Esto se basa estrictamente en la realidad de los efectos malos de la tabla Ouija. No hay razón teológica dada" (Russell Parker, carta al autor, 8 de noviembre de 1992).

19. Ibid., 8.

20. *Daily Mail,* 6 de febrero de 1990, Pág. 2.

21. Las citas y el resumen en el siguiente relato vienen de un artículo de Garry Abrams: "Tangled Tales from the Crypt? (¿Cuentos Enredados de la Cripta?) *Los Angeles Times*, 23 de marzo de 1993, Págs. E-1, 2.

22. Los Angeles Times, 6 de agosto de 1990, Págs. E-1, 4

23. Ibid., 1.

24. Jacques Vallee, *Revelations* (New York: Ballentine, 1991), 188.

25. Ibid.; Vance Davis, entrevistas telefónicas con el autor, 10 de septiembre de 1992; 21 de septiembre de 1992; enero 20 de 1993.

26. Vallee, *Revelations* (Revelaciones) 189-190.

27. Ibid., 191. Davis afirma que la siguiente declaración de Vallee no es cierta y está basada en reportes de los periódicos que estaban equivocados. "Ellos habían dejado sus puestos, según parecía, por la creencia candente de que el Armagedón era inminente... que habían sido designados para recibir naves espaciales extraterrestres, lo cual indicaba el regreso de Jesucristo... Uno de los objetivos de su viaje a Gulf Breeze era encontrar al Anticristo y asesinarlo" (*Revelations*, 189).

28. Entrevistas con Davis.

29. Emisión Associated Press, 19 de julio de 1992, en el *Times Standard* de Eureka (sin fecha); entrevistas con Davis.

30. Eureka *Times Standard.*

31. Ibid.

32. Ibid., Entrevistas con Davis.

33. Ibid.

34. Entrevistas con Davis. Este caso fue caracterizado en "Inside Edition" de la televisión, el 7 de septiembre de 1992. En algunas áreas éste apareció en pantalla al día siguiente. Otro tratamiento apareció en "Sightings" (Fox TV), el 12 de febrero de 1993.

8

El Exorcista y otros Casos

Aunque la novela de William Peter Blatty, *The Exorcist* (El Exorcista, 1971), y la película (1973), tienen más de dos décadas, aún fascinan al público en general. Tan reciente como el verano de 1993, apareció el libro Possessed: *The True Story of an Exorcism* (Poseído: La Verdadera Historia de un Exorcismo), escrito por Thomas B. Allen. Después de la publicación de *The Exorcist*, Blatty reveló que su libro estaba basado en una historia verdadera que sucedió cerca de la Universidad de Georgetown, en 1949. En mi correspondencia con Blatty, él confirmó que "el libro está basado en una historia verdadera, y el involucramiento con posesión demoníaca fue a través de la tabla Ouija".[1] ¿La tabla Ouija? Ed Warren, una autoridad destacada en posesión, enfatiza:

> La tabla Ouija ha demostrado ser una notoria llave maestra al terror, aun cuando el intento de comunicación es indudablemente positivo en su naturaleza... De los casos que nosotros atendimos, cuatro de cada 10, tienen que ver con personas que han invocado espíritus usando la tabla Ouija. Yo fui una de las pocas personas que examinó los registros oficiales en

el caso *The Exorcist (El Exorcista)*... ¿Y sabe cómo empezó? ¡Usando una tabla Ouija![2]

Este capítulo examinará la verdadera historia que hay detrás de *El Exorcista*, cómo Blatty habla de la tabla Ouija y la posesión demoníaca, y otros tres relatos verdaderos en los cuales la tabla fue utilizada.

La Historia que hay Detrás de El Exorcista

En agosto de 1949, un artículo noticioso publicado en *Catholic Review* de Washington, D. C., informaba del exitoso exorcismo de un niño de 14 años. No se daba otra información. El reportero del *Evening Star* de Washington, Jeremiah O'Leary observó el artículo y trató de interesar a dos de sus editores en la historia, pero fue en vano. Un de ellos comentó: "Junior, hay algunas cosas de las cuales es mejor permanecer alejado. Yo no lo tocaría ni con una vara de tres metros. Pero si lo quieres hecho, hazlo tú mismo".[3] En tres días O'Leary descubrió los detalles de la historia y presentó su artículo, pero los editores lo rechazaron. Finalmente abordó al editor jefe del periódico quien publicó el artículo el 19 de agosto, pero en la página B-3; "un buen lugar para esconder una controversial historia en aquellos días", dijo O'Leary.[4]

El día siguiente a la aparición del artículo de O'Leary, la historia fue publicada en la primera página del *Washington Post,* y luego recogida por otros servicios de cable, cuando se convirtió en noticia de primera página en todo el país.[5] El artículo de Bill Brinkley *en The Washington Post* decía que el caso era "quizá una de las más notables experiencias de esta clase en la historia religiosa reciente". Como estudiante de penúltimo año en la Universidad de Georgetown, William Blatty leyó el artículo, y quedó fascinado con el tema. Mientras escribía un documento de investigación sobre posesión demoníaca, durante su último año en la universidad, Blatty obtuvo una copia del periódico del sacerdote con el relato sobre el exorcismo. Esto más tarde se convirtió en el bosquejo de las acciones de Regan en *El Exorcista*. Blatty guardó una copia del periódico Jesuita, pero prometió no publicarla.[6]

El verdadero muchacho en este caso fue identificado por una fuente como Douglass Deen,[7] de 14 años, hijo de un mecánico luterano que vivía en Mount Rainer, Maryland, en las afueras de Washington, D. C. Los fenómenos comenzaron con sonidos extraños como el goteo de agua y rasguños en las paredes y el ático de la casa de los Deen durante la noche del 15 de enero, de 1949.[8] Como en *El Exorcista,* la familia sospechó que los roedores provocaban los ruidos, así que emplearon a un exterminador, "pero no se encontró ninguna huella de ratas u otros roedores".[9] Las manifestaciones pronto empeoraron.[10] De vez en cuando la familia veía volar platos y otros objetos, los muebles moverse por todo el cuarto, o escuchaban el ruido de pasos.[11] Finalmente, la aterrorizada familia visitó a su pastor, "el Rev. Winston", para informarle del extraño fenómeno que estaba sucediendo en su casa, y para conseguir su ayuda.[12] Aunque Winston fue testigo de estas impresionantes manifestaciones, permaneció escéptico porque creía que de alguna forma el chico era la causa.[13]

El 17 de febrero, Winston invitó al chico a pasar la noche en su casa, y juntos se acostaron en un cuarto con camas gemelas. El cuarto estuvo en silencio durante 10 minutos, pero luego la cama del chico comenzó a vibrar, y escucharon ruidos de rasguños en la pared. El ministro encendió la luz para ver qué estaba sucediendo. No había una explicación natural posible para lo que estaba observando. El había visto las mismas manifestaciones en la casa del chico.[14]

El ministro colocó al chico en un pesado sillón, donde cubierto con una cobija se acomodó subiendo las rodillas hasta el mentón. Mientras el ministro observaba, la silla se movió varias centímetros hasta que se detuvo contra la pared, y luego comenzó a moverse en la dirección contraria. El chico gritó: "Se va a voltear conmigo, Pastor", y fue arrojado al piso.[15] Como era obvio que ninguno de los dos podría dormir con las violentas vibraciones de la cama,

Winston improvisó una cama en el piso usando una almohada y dos cobijas. El chico pronto se durmió.

Con las luces aún encendidas, el Rev. Winston se acostó en su propia cama, y continuó observando al chico. Ahora la improvisada cama, con el muchacho, comenzó a deslizarse lentamente por el cuarto, metiéndose debajo de las camas. El muchacho despertó cuando su cabeza golpeó contra la pata de una cama.

El ministro volvió a organizar el camastro inmediatamente, pero fue tiempo perdido. Esta vez éste con el chico se movió en semicírculo sobre el piso, volviéndose a meter debajo de la cama.

En ambos casos las manos del chico estaban fuera de la improvisada cama, su cuerpo rígido y no había arrugas en las cobijas.[16]

En diferentes oportunidades, vecinos escépticos "invitaban al chico y a su madre a pasar una noche en sus casas "no encantadas", sólo para tener frente a sus ojos algunas de las manifestaciones, como sacudidas violentas de la cama del chico, aparentemente involuntarias.[17] Más tarde una tía del chico se refirió a lo que sucedió en su casa cuando él se acostó en una cama:

> De repente, el colchón comenzó a irse, se levantó en el aire, de arriba abajo, de arriba abajo. Mi hermana me llamó gritando, entonces corrí y traté de ayudar, y dije que no había nada en ese cuarto que pudiera hacernos daño, luego le dije a mi sobrino: Voy a acostarme contigo, y no habrá nadie que nos moleste. Y oh, le digo que el colchón nos levantó *a los dos* en el aire. Ambos volamos, y mi sobrino comenzó a salir del cuarto. Yo tropecé con un mesa que tenía contra la pared en la cual había un florero, y me salí, pero cuando mi sobrino trató de salirse, la mesa voló en frente de la puerta y no lo dejó.[18]

En el libro de Blatty: *I'll Tell Them I Remember You* (Les Diré que te Recuerdo), él dice:

Al comienzo del síndrome de posesión del muchacho fue establecido por los Jesuitas en el campus que, de acuerdo con su madre, él estaba en el baño lavándose la cara inclinado sobre el lavamanos, cuando ella vio una palabra que salía de la piel en su espalda. La actividad espiritista entonces, estuvo en pleno movimiento. La madre gritó histéricamente: "¿Quién es? ¡Deténgase! ¿Quién está haciendo estas cosas?" Una palabra obscena le dio paso a TILLY. Tilly era una tía del chico, ahora fallecida, quien tiempo atrás, según afirmaciones, se había "comunicado" con la familia por medio de la tabla Ouija. Ahora la madre gritó: "¿Qué quieres?" siguió la historia. La respuesta fue: IR. "¿Ir a dónde?" Y en ese momento apareció la palabra LOUIS. Después de eso no aparecieron más respuestas.[19]

Blatty también hace una observación sobre la extraña experiencia del ministro Luterano y el sacerdote que fueron asignados para investigar el caso. Cuando ellos visitaron la casa del chico, "ambos fueron derribados al piso en el momento de entrar, por algo que más tarde ellos describieron como una 'fuerza invisible'".[20] Con el tiempo, la aflicción del chico fue estudiada exhaustivamente en dos hospitales jesuitas. En el de la Universidad de Georgetown y en el de la Universidad de St. Louis. Más tarde, ese año, el reportero del *Post*, Bill Brinkley, entrevistó a un sacerdote involucrado en el caso, quien manifestó que antes de que se emprendiera el exorcismo fueron agotados... "todos los recursos médicos y psiquiátricos para curar al chico".[21]

Blatty enumeró las diferentes manifestaciones sucedidas durante el transcurso del exorcismo:

> Entre los fenómenos extraños... hubo: "Marcas": líneas y marcas; algunas sencillas, otras dobles y otras triples, que parecían de garras, y que se observaban espontáneamente en la piel del chico unas 30 veces al día. En cada caso su aparición estaba acompañada por gritos de angustia y dolor por parte del chico.

Una vez, cuando el exorcista estaba sentado en la cama a no más de unos 60 centímetros del chico, apareció una marca, mientras él miraba, la cual se extendió desde la parte interna del muslo hasta su tobillo, cerca del cual la piel fue rota, y aparecieron gotitas de sangre. A veces las marcas eran imágenes y palabras, tales como: RENCOR, INFIERNO y SALIDA.[22]

Durante un período de dos meses, el Rev. William Bowdern, el sacerdote a cargo del caso, permaneció con el chico, acompañándolo dondequiera que iba, durmiendo incluso en la misma casa, y a veces hasta en el mismo cuarto.[23]

Durante este tiempo el sacerdote también fue testigo de muchas de las mismas manifestaciones reportadas por el ministro protestante ese mes (agosto de 1949) en una pequeña reunión de la Sociedad de Parapsicología. En esta sesión el Dr. J. B. Rhine, director del afamado laboratorio parasicológico en Duke University, reunido aquí para estudiar el caso, fue citado diciendo que era "el más impresionante" fenómeno espiritista (fantasma ruidoso) que había llegado a conocer en sus años de investigación celebrada en su área.[24]

Otras manifestaciones de posesión en este caso incluyen: Estridentes blasfemias, comportamiento obsceno, vomitar y orinar, fuerza casi sobrenatural y clarividencia en cuanto a asuntos personales de quienes le rodeaban.[25] Además, cuando se alcanzó el clímax en el ritual del exorcismo, y se le ordenó al demonio que saliera, "el chico irrumpió en una violenta rabieta de gritos, groserías y expresiones de frases en latín, idioma que nunca había estudiado".[26]

El proceso de liberación fue largo y difícil. Durante la experiencia, el exorcista Bowdern soportó un "ayuno negro" de pan y agua, y perdió más de 40 libras.[27] El proceso de exorcismo duró aproximadamente dos meses, y de 20 a 30 sesiones del rito (cada una de aproximadamente 45 minutos).[28] El exorcismo final fue llevado a cabo en mayo, cuando el "espíritu en posesión se identificó como uno de los ángeles caídos mencionados en la Biblia, y luego partió". Las manifestaciones cesaron.[29] El chico, que aparentemente no recordaba lo sucedido, asistió a un colegio católico de bachillerato, y a la universidad de Georgetown. Más tarde se casó y se convirtió en el padre de tres hijos.[30]

¿Estaba el chico realmente poseído por el demonio? Los doctores en los dos hospitales católicos, varias autoridades católicas, y otros especialistas fueron incapaces de ayudarlo por los medios médicos o psiquiátricos. Los padres agotaron todo recurso médico o psiquiátrico posible, antes de pasar al ritual del exorcismo, el cual parecía la única vía abierta para ellos. El permiso para usar el ritual se otorga únicamente cuando hay fuerte evidencia física, emocional y espiritual, de posesión demoníaca.

> El uso del ritual es raro en el mundo cristiano occidental, como también lo son los casos reportados de posesión diabólica. Nunca se otorga el permiso para emplear el ritual, excepto cuando el caso de una persona afligida ha sido completamente documentado como de buena fe.[31]

William Friedkin, director de *El Exorcista* pasó casi un año investigando para la película antes de que comenzara el rodaje. Su información y reacción acerca del caso son interesantes.

> Este chico particular en el caso de 1949, con base en el cual estaba basada la película, cumplió todos los requisitos para un exorcismo como fue expuesto por la iglesia. El estaba hablando con una voz y un idioma que no eran los suyos. Poseía poderes sobrehumanos. Rompió el brazo del sacerdote que efectuaba el exorcismo, y la nariz de otro. Su cama se movía de arriba abajo...
>
> El sacerdote pasó la noche en el cuarto, sobre una estera que se deslizaba por el piso. Los muebles

trataban de atacarlo. Una botella saltó de la pared y sin romperse quebró las baldosas del piso a sus pies. El chico vomitaba líquidos de un olor extraño. Los doctores, psiquiatras, y todos los que podían conseguir, lo examinaban, pero nadie podía saber qué estaba mal. Por eso creo que este chico estaba sufriendo de una enfermedad para la cual no había y no hay nombre. Era posesión demoníaca...

El exorcismo original fue realizado en un hospital de St. Louis. No en una casa, en una iglesia o en algún lugar privado donde alguien pudiera haber sido llevado. Doctores y enfermeras lo atendían, y tengo un recuento diario de lo que sucedió. Es la experiencia más increíble que yo jamás haya conocido.[32]

Un editorial en la publicación Jesuita *América,* poco después del caso, expresó: "Parece cierto que el chico manifestaba todas las señales clásicas de una posesión realmente diabólica".[33] De vez en cuando la gente trata de explicar este caso como uno de esquizofrenia paranoica. Blatty contesta con la siguiente experiencia: "El hecho es que no conozco ningún desorden mental que pueda hacer levitar una mesa de noche hasta el techo como sucedía con este chico".[34] En el libro de Blatty: "*I'll Tell Them I Remember You*" (Les Diré que me Acuerdo de Ti), él comenta: "Un maestro de física de la Universidad de Washington informaba que había visto la mesa de noche del chico en el hospital, 'flotar hasta el techo, quedarse suspendida, y luego bajar'".[35] Si esto sucedió en realidad, y no parece raro a la luz de otros acontecimientos extraños en el caso, sin duda una explicación puramente natural del caso es inadecuada.

Años más tarde Bowdern le escribió a Blatty en cuanto al caso. Bowdern siguió convencido de que este incidente era un caso real de posesión. Blatty estuvo de acuerdo con esta conclusión, y le dijo al entrevistador Charles Champlin: "Si no creyera en posesión, no hubiera escrito el libro".[36]

El Papel de la Tabla Ouija en El Exorcista

La gente que leyó *El Exorcista,* y los escritores que lo revisaron, pasaron por alto el papel que la tabla Ouija jugó en la posesión de Regan. La representación de la tabla Ouija en la película, y las sorprendentes manifestaciones físicas, además de la posesión que resultó de su uso, reflejan con precisión casos reales del uso de la Ouija que han sido verificados por investigadores y expertos en el campo de la investigación de lo oculto.

En la novela Chris MacNeil, madre de Regan, adquiere la tabla Ouija como un "posible medio de revelar claves de su subconsciente". Ella usa la tabla en varias oportunidades con diferentes amigos, pero sin mucho éxito. Una vez, cuando la usa con el director de la película Burke Dennings, éste conscientemente la manipula. Chris pierde interés en la tabla, y hasta olvida que tiene una. La hija de Chris, Regan, comienza a "jugar" sola con la tabla, y se pone en contacto con un espíritu que se llama "Capitán Howdy"; un espíritu aparentemente amistoso. Las comunicaciones con la Ouija frecuentemente comienzan con mensajes de espíritus buenos o amigables, que más tarde se vuelven todo, menos amables.[37] Al principio en la novela, Regan pasa mucho tiempo sola con la tabla Ouija, y poco a poco se involucra más con ella. Una noche cuando Chris ofrece una cena en una fiesta, baja al lugar de juegos para acostar a Regan, y la encuentra jugando con la tabla. "Parecía taciturna, abstraída, remota".[38] La progresiva introversión de Regan es sintomática de la profundización en el involucramiento con la Ouija.

Después de la fiesta Chris le pregunta a la psíquica, señora Perrin, sobre el uso de la tabla por Regan, quien le contesta: "Yo la apartaría de ella",[39] y le advierte que meterse con lo oculto "puede ser peligroso, lo cual incluye perder el tiempo con una tabla Ouija".[40] Chris responde que la tabla Ouija sólo refleja el subconsciente de una persona; una actitud común hacia la tabla.[41] La señora Perrin admite que "podría ser sugestión".

> Pero en historia tras historia que he escuchado sobre sesiones espiritistas, tablas Ouija, *todo* eso, siempre parecen señalar que abren la puerta de alguna especie... Todo lo que sé es que parecen suceder cosas. Y, mi querida, hay asilos para lunáticos en todo el mundo, llenos de personas que se metieron con lo oculto.[42]

El control progresivo de Regan por parte del "Capitán Howdy" muestra los sellos de posesión. Una completa incapacidad de resistir el dominio demoníaco. Chris le explica al Dr. Klein la condición en deterioro de Regan, y le comenta que ahora ella se puede comunicar directamente con el "Capitán Howdy" *sin* la tabla. "Ahora ella lo puede escuchar".[43] Esta habilidad de comunicarse directamente con el espíritu después de un período de uso de la tabla Ouija, es completamente sintomático de su uso real.

La información en cuanto a la tabla Ouija contenida en *El Exorcista*, es exacta, y puede ser verificada tanto por los casos en el presente volumen, como por muchos otros. Desde la perspectiva cristiana, el uso de la tabla Ouija debe ser *totalmente evitado*, ya que le ofrece a lo demoníaco la oportunidad de controlar a sus usuarios.

Posesión Demoníaca

¿Es creíble el espeluznante relato de los síntomas de posesión demoníaca en *El Exorcista?* Algunos síntomas de posesión han sido registrados adecuadamente, y observados durante siglos en todo el mundo. Muchos de los síntomas de Regan fueron modelados específicamente según el caso real de la experiencia del chico de Mount Rainier. Blatty también confió mucho en el estudio clásico de T. K. Oesterreich, *Possesion*, que fue publicado por primera vez en 1921.[44]

En *Casting Out the Devils* (Exorcizando Demonios), Francoise Strachan resume los síntomas de posesión como se registran en el material obtenido de exorcistas practicantes, y otras fuentes informadas. Para alguien que ha leído *El Exorcista*, el resumen de Strachan parece como un repaso de muchos de los síntomas y experiencias de Regan.

Existen muchos y variados grados de posesión.

...Sin embargo, casos ampliamente establecidos muestran numerosos y diversos síntomas: Adelgazamiento, distensión del estómago. Los rasgos usualmente expresan odio, ira, insultos, burlas, al tiempo que las funciones orgánicas son afectadas por contracciones y espasmos de las entrañas. A veces el aspecto se altera, puede haber síntomas dolorosos de náuseas, vómito, lengua sarrosa y aliento fétido. La acción de las entrañas causa sensaciones de gran dolor y angustia, con frecuencia agravadas por irritaciones de la piel y la membrana mucosa. La víctima explica su angustia por la presencia de un animal o un demonio que se mueve constantemente en su estómago, golpeando, pellizcando, quemando, y torturándola en toda forma posible. También puede ser objeto de vértigos, dolores de cabeza y diferentes sensaciones que parecen tener una causa exterior, tal como dolores violentos en la nuca, que la víctima imagina haber sido ocasionados por un golpe, y dolores en la columna que atribuye a la misma causa. También contracciones, calambres, impresiones de hinchazón y diferentes estados de tensión que la víctima interpreta como indicadores de la entrada del demonio en su cuerpo, o el momento cuando sale.

A veces hay olores acompañantes tales como el de flores de funeral, o el de exceso de sudor, y en casos muy severos un desagradable olor de enfermedad o diarrea. También pueden haber cambios en la voz. Puede volverse profunda, amenazadora o sarcástica, burlándose del espectador más inocente, y usando palabras obscenas muy en contra de las prácticas usuales de la víctima. A veces la escritura automática aparece de repente en una página de escritura normal, y el bolígrafo es arrebatado y lanzado a la mitad del cuarto. En casos muy avanzados de posesión, el demonio literalmente domina el cuerpo, se vale de los órganos, y los usa como si fueran los suyos. Puede accionar el sistema nervioso y producir movimientos en los miembros, hablando quizá, a través de la boca del paciente. Esto no es lo mismo que la actividad de los médium. La diferencia es que la persona poseída tiene un carácter violento, acompañado de una naturaleza repugnante. También la posesión es compulsiva, mientras que en la actividad de los médium, la libertad de la voluntad está involucrada.[45]

Ed y Lorraine Warren, reconocidos como "los principales demonólogos del país", pues ya cumplieron 43 años de experiencia en el asunto en Norteamérica, Europa y Australia, han investigado más de 3.000 casos de posesión demoníaca.[46] Los siguientes relatos de los Warrens correlacionan el uso de la tabla Ouija con manifestaciones dramáticas de actividad demoníaca. Cada caso ha sido observado por un número de testigos. Los casos Enfield y Donovan en *The Demonologist* (El Demonólogo) son confirmados por el autor Gerald Brittle: "Se ha tomado mucha precaución... de incluir en los archivos de Warren sólo aquellos casos que fueron presenciados por clérigos ordenados y exorcistas, o en circunstancias inferiores, donde los principios fueron creíbles y confiables, y sus comentarios están grabados claramente. También se debe enfatizar que no hay exageración en la presentación de los fenómenos". Las "experiencias" de los Warren "han sido probadas y documentadas por sacerdotes, rabinos, doctores, varios médium, policía, y expertos reconocidos en la investigación psíquica".[47] Ed Warren explica el funcionamiento de la tabla como una peligrosa puerta abierta.

> La Ouija no es nada en sí misma... es sólo un pedazo de madera prensada con el alfabeto en ella. Se puede obtener el mismo efecto con un vaso de vino invertido sobre una tabla encerada... Pero en cualquiera de los casos, es un medio para comunicación. En otras palabras, es *para* eso que se usa el objeto. Al utilizar la

> tabla Ouija se le da permiso a un espíritu desconocido para que se comunique con uno. ¿Usted le abriría la puerta principal de su casa a cualquiera que quiera entrar? Claro que no. Aún así, eso es exactamente lo que usted hace a un nivel sobrenatural... Como lo hemos dicho muchas veces, las puertas tienen que estar abiertas antes de que la mayor parte de esta actividad pueda ocurrir, y la tabla Ouija es una forma de hacerlo.[48]

El caso de manifestación demoníaca en Enfield, Inglaterra,[49] ocurrió durante un período de tres años. El fenómeno oculto comenzó en agosto de 1977, pero el caso en realidad "comenzó en 1976, cuando dos niñas atrajeron espíritus a su casa después de jugar con... una tabla Ouija. Las niñas no tenían propósitos siniestros al usarla; sencillamente no tenían nada más que hacer, y estuvieron jugando con ella como si se tratara de un juego". Ed explica que el espíritu original trajo a otros.

> Cuando los espíritus fueron atraídos por primera vez, erupcionó el acostumbrado fluir de infestación de fenómenos: Golpes, golpes secos, rasguños, martilleo, etc. A medida que pasaba el tiempo, los fenómenos se intensificaron. Se materializaban objetos, la gente levitaba, especialmente las niñas, y una serie de formas negras se manifestaban y flotaban por la casa en la noche.[50]

Ed visitó la casa de los Enfield en varias oportunidades. Durante su primera visita entrevistó a los miembros de la familia de una forma individual y en grupo; la madre divorciada, las dos niñas y un hermano menor. El concluyó, a partir de sus observaciones, que había un carácter sobrenatural en los incidentes. "Por ejemplo, las niñas levitaban, *se entrelazaban* en el aire, y luego bajaban otra vez en una muestra de poder no humano". La levitación sucedía varias veces. "Aun mientras Ed hablaba con la familia, las cosas se levantaban y flotaban en el cuarto. Una noche una silla de madera se levantó en el aire, donde estuvo por un momento, y luego explotó". Otra vez una piedra del tamaño de una pelota de softball se materializó y chocó contra el piso. Fenómenos aún más serios ocurrían cuando las niñas estaban "bajo episodios de posesión"; sus rasgos faciales cambiaban y mostraban mucha fuerza. Una de las niñas trató de asesinar a la madre varias veces. Pero como Ed explica:

> Con todo, el aspecto más convincente de este caso son las manifestaciones físicas de voz que suceden en la casa. En el cuarto, las voces de seis espíritus diferentes hablan en tono alto. Es como si hubieran seis personas invisibles presentes. Es increíble: ¡Uno no lo puede creer aun estando ahí![51]

Ed grabó durante tres horas las voces, y las hizo sonar para el autor Gerald Brittle, quien las describe como "algo realmente increíble". Junto con las voces, "un total del 10 por ciento de lo grabado aparece con gruñidos, gemidos, 'yeccchs', y la imitación de sonidos de animales, de los cuales el que más se repite es el de un perro ladrando". La British Society for Psychical Research (Sociedad Británica para la Investigación Psíquica) hizo una investigación completa del caso, y determinó que las voces y sonidos no podían ser "proyectados por altavoces, o por otro medio electrónico". Una conversación fue establecida entre los espíritus y las personas en la casa. Brittle proporciona varias páginas de la interrogación grabada de Warren, básicamente con el espíritu "Fred".

> Mientras hablaba con estos espíritus... las cosas flotaban por el cuarto. Esos son los sonidos de cosas que chocan y se rompen, que aparecen de fondo. Las sillas y las mesas se levantaban y bajaban. Pequeños objetos pasaban velozmente por el cuarto y rebotaban en la pared. En el comedor, el papel de colgadura se caía de las paredes mientras nosotros observábamos. Un cuchillo de carnicería se materializó en el regazo de mi asistente Paul. Una uña fue producida del aire poco denso. Y, como ya era esperado en la casa, los espíritus dejaron, a las 3 de la tarde, un montón de

excremento en el tapete del cuarto de la madre, ubicado en el segundo piso.

Cuando los espíritus en la grabación no estaban pasando por un ataque de locura casual, parecían divertirse llenando el cuarto con gruñidos, graznidos, ladridos, chillidos, y una variedad de otros sonidos de animales. El más fastidioso era el de un gato que maullaba.[52]

Las manifestaciones de espíritus en Enfield aún estaban presentes cuando Warren era entrevistado por Brittle.

Otro caso investigado por los Warrens tuvo que ver con una niña de 15 años (ellos la llaman Cindy McBain).[53] Cindy, para divertirse con sus amigos, porque no tenía novio, frecuentaba un centro comercial. Un sábado cuando estaba curioseando en una tienda de antigüedades, descubrió una vieja tabla Ouija. Como ésta captó su curiosidad, la compró y la llevó a casa. Pasó varios meses experimentando con ella, sin resultado, pero un día cuando estaba operándola con una amiga, ambas sintieron una presencia. "Cindy, de hecho escuchó un sonido vago áspero... de *dentro* de la pared". El ruido siguió y continuó como "algo rasguñando que intentaba salir", y se volvía "más y más como un desgarre". La amiga de Cindy se asustó y decidió salir, pero primero le advirtió que debía "deshacerse de esa tabla".

Cindy no le prestó atención a esta advertencia, y se involucró aún más con la tabla. Sus amigos estaban preocupados por su introversión y pérdida de apetito. Después de usar la Ouija cuatro meses, su madre comenzó a escuchar ruidos que venían del cuarto de la niña. Le "parecía escuchar los sonidos de personas haciendo el amor". Como ella no quería creer que eso en realidad estaba sucediendo, aceptó la explicación de su esposo en cuanto a que Cindy estaba cantando en voz alta con sus grabaciones. Finalmente la madre entró al cuarto, y encontró "la niña en su cama con los audífonos puestos, escuchando la música". No había nadie más ahí. Aquel día "noté cuánto peso había perdido, sus negras ojeras, y cómo había llegado a comerse las uñas hasta salirle sangre". Luego la madre advirtió por primera vez la tabla Ouija, pero cuando le preguntó a su hija al respecto, ella le contestó con un desaire. Trató de alcanzar la tabla, pero Cindy retiró violentamente su mano. Su segundo intento por alcanzar la tabla también falló. "Por primera vez en mi vida, sentí temor de mi hija". Más tarde el padre de Cindy experimentó la misma respuesta.

Las siguientes tres semanas fueron como una horrible pesadilla. "Los rasguños de garras en las paredes se volvieron tan intensos que se podían oír en toda la casa", y "el sonido de éxtasis sexual que salía del cuarto de Cindy ahora podía ser escuchado hasta el comedor". La niña se convirtió en una "virtual desconocida" para sus padres, y mantenía un humor oscilante de rabia y sollozos. A medida que se apartaba más, sus padres consultaron un ministro, un sacerdote, y un psiquiatra, pero ninguno de ellos pudo ayudarla. El padre trató de alcanzar la tabla y destruirla, pero Cindy lo atacó "dándole bofetadas violentamente, y golpeando su cabeza contra la pared una y otra vez". Más tarde no se pudo encontrar la tabla; ella la había escondido.

"Dos semanas después, luego de tres sesiones con un psiquiatra, Cindy McBain fue llevada a un hospital psiquiátrico" donde Ed y Lorraine Warren la conocieron. Ellos observaron que aun después de haber recibido tranquilizantes "ella tenía arranques de ira". De alguna forma llevó la tabla Ouija a su cuarto en el hospital y siguió operándola. Los Warren descubrieron que Cindy y algunos de sus amigos habían adquirido libros sobre ocultismo, y que estaban experimentando con "juramentos y rituales encontrados en ellos".

La señora McBain le dijo a los Warren y al Padre Elemi, quien ahora les acompañaba: "Yo misma un día vi bajar por las escaleras hacia el vestíbulo una figura negra que parecía compuesta de niebla negra. Había ido al cuarto de Cindy". Después de escuchar esta información,

Ed dijo: "Cualquier duda que hubiéramos tenido de infestación y posesión demoníaca se despejó ahora".

Después de una breve visita a la chica, que resultó en una respuesta demoníaca, los Warren se prepararon para un exorcismo. Cuando el exorcismo comenzó, aparecieron más manifestaciones demoníacas en la niña y en el cuarto. Ella "se retorcía en la cama", y gritaba. Cuando el sacerdote se dirigió al demonio: "Este respondió con una voz colérica... Sonidos fuertes de golpes venían de dentro de la pared, y un olor fétido invadió el cuarto. Uno tenía que cubrirse la boca y la nariz". Cindy gritaba obscenidades, tiraba las cosas contra la pared, y "se movía en la cama como si estuviera disfrutando un placer sexual. Finalmente se quedó quieta en la cama". El exorcismo terminó en más o menos una hora.

Cindy pasó otros cuatro días en el hospital antes de regresar a casa, pero requirió rehospitalización tres semanas más tarde cuando el demonio reapareció (o "¿había estado solamente dormido?"). Ed concluye: "Cindy, ahora una mujer joven, lleva una vida más o menos normal, pero siempre está sujeta a lo que sus doctores denominan 'ataques'. El la denomina enfermedad mental. Pero nosotros sabemos mejor".

Patty Donovan[54] era una adolescente que había crecido en una familia estricta y religiosa. A principios de 1974, la chica se volvió solitaria y aburrida, por lo que "decidió tratar de encontrar un amigo en la tabla Ouija". Cuando le dio su nombre y le preguntó si un espíritu estaba presente, "de repente la planchette pasó a SI". Lo que comenzó en forma bastante inocente se convirtió en adicción cuando Patty contactaba la misma presencia cada noche. El espíritu le halagaba y jugaba con los sentimientos de soledad. Patty le repetía los sucesos del día al espíritu y, "éste le respondía con historias en cuanto a su muerte, y cuán sólo había estado antes de 'conocerla'". Durante un período de varios meses, Patty comenzó a creer que su contacto era el espíritu de un adolescente, quien se negó a dar su nombre, diciendo que no se le permitía hacerlo. Patty "se encaprichó tanto con el espíritu de la tabla Ouija, que llegó a considerarlo como un novio". El espíritu le daba información en cuanto a cosas triviales sobre el futuro, que más adelante se hacían realidad. "Después de un año intercambiando intimidades a través de la tabla, Patty se volvió emocionalmente dependiente del espíritu".

Cerca de un año después del primer contacto, a finales de febrero, Patty le preguntó al espíritu si podía hablarle de su futuro. (Lo que él le predijo para los siguientes seis años sucedió). Luego, "ella suplicó *ver* a su novio invisible. Tarde en la noche del sábado 2 de marzo, le rogó que se manifestara. Sólo una vez, le dijo, porque quería ver cómo era él".

Precisamente al día siguiente acontecimientos extraños comenzaron a suceder en la casa Donovan, los cuales fueron inicialmente interpretados como actos de vandalismo. El carro de Ted tenía "las instalaciones de las bujías arrancadas, las mangueras de caucho sueltas, y la correa del ventilador cortada". El carro de Patty no arrancaba, y "los mecánicos supusieron que algunas partes internas del motor habían sido desmontadas". Las llantas del carro aparecieron pinchadas, aparentemente con un cuchillo. Otros actos incluían: "Los arbustos fueron arrancados de un tirón", "el desprendimiento de un timbre" y un "tubo de acero de 1,80 m.", sobre el techo, fue hallado "doblado en un ángulo de 90 grados". Durante este período, Patty no pudo contactar a través de la tabla Ouija a su "novio invisible". Cada vez que trataba, la planchette se desplazaba a ADIOS en la tabla. A estas alturas ella no relacionaba el denominado vandalismo con su solicitud de manifestación del espíritu.

Finalmente, Ted Donovan se puso en contacto con la policía por el daño ocasionado en su casa y sus carros. Durante la segunda semana de estos extraños sucesos, mientras los Donovan hablaban con su hijo Brian, "de repente todos tres escucharon que algo chocó contra alguna pared *dentro* de la casa... hallaron un hueco de 45 centímetros en la pared de yeso, en el cuarto de Brian". Esa misma noche ellos escucharon "arañazos dentro de las paredes", y "Ted también escuchó el sonido como de una tabla que era forzada a abrirse". Investigó, pero no encontró nada. En la tercera semana de marzo, la familia escuchó fuertes ruidos golpeando fuera de la casa sin ninguna explicación aparente. Más tarde, durante la semana, "también se escuchaban golpes discordes y disonantes dentro de la casa", los cuales se intensificaron. Los arañazos y golpes seguían después de que la familia se iba a dormir, y el "sonido de tablas que se rompían en las paredes, podía ser escuchado por toda la pequeña hacienda". Para el fin de semana "las válvulas de presión de los radiadores de vapor, de alguna forma, se destornillaron, arrojando agua caliente por todas las paredes y tapetes". Ted las reparó sólo para que una y otra vez volvieran a fallar. Frustrado, apagó la calefacción del sótano. "Mientras tanto, los golpes se hicieron más frecuentes e intensos". El hizo todo lo que pudo por ubicar la fuente de los ruidos, y finalmente contrató un plomero y un técnico en calefacción, quienes encontraron que el horno y los radiadores estaban en perfecto estado. Las válvulas de repuesto en los radiadores del sótano, fueron dañadas tan pronto como el plomero finalizó el trabajo. Finalmente él se retiró diciéndole a la señora Donovan: "¡Señora, usted tiene un problema!" El carro de Patty ahora estaba en el garaje, pero sus llantas fueron cortadas otra vez, "los golpes sobre la casa y las paredes se hacían cada vez más y más fuertes", y los "cuadros y la decoración se caían de las paredes por la fuerza del impacto".

En la noche del 31 de marzo, a medida que los sonidos de golpes seguían, las luces se prendieron y apagaron varias veces. "Luego el televisor se dañó. Mientras esto sucedía los Donovan observaron cómo la pesada cómoda de madera del cuarto, misteriosamente comenzó a levitar a unos cuantos centímetros del piso", volteándose luego violentamente, y "los frascos de perfume y cosméticos cayeron y se rompieron". Con la cómoda en el piso, los cajones comenzaron a golpear "saliendo y entrando solos".

Luego una pesada silla se levantó varios centímetros del piso, y tumbó la ropa que había doblada encima, para luego caer sobre ella. Los cuadros se desprendieron de la pared, y flotaron en el cuarto, la cama se desplomó con Ted y su esposa Ellen, y los cuadros que levitaban cayeron al piso. La misma noche se escucharon diferentes sonidos y ruidos: Un maullido de gatito que luego se convirtió en el llanto de un bebé, sonido de arañazos y ruidos de destrozos: "El sonido de tablas que se salían de las paredes. Parecía como si toda la casa estuviera siendo desmantelada".

El golpe cada vez más intenso en el techo y las paredes externas de la casa "se transfirió a las paredes internas. En el transcurso de una hora los golpes subieron al vestíbulo y pararon misteriosamente". Luego de repente, "golpecitos discordes como de martillo sonaron en la cabecera de Ted y Ellen". Se escuchó el sonido de unos muebles que caían en la sala; luego Patty gritó desde su cuarto: "¡Algo estaba *conmigo en este cuarto*!"

"En abril, el Día de los Inocentes, llovieron piedras" sobre la casa de los Donovan durante aproximadamente una hora. La señora llamó a la policía quien vio cómo las piedras caían. "Desesperado, Ted le preguntó a la policía qué hacer. 'Llame a un sacerdote', le sugirieron". Después de oscurecer, "los muebles y los objetos de la casa comenzaron a levitar ante la mirada de todos. Durante toda la noche algunas cosas caían al piso mientras otras eran arrojadas contra las paredes". A la mañana, "con la casa hecha escombros", Ted llamó a la casa cural de una iglesia católica local. Esa noche en el sótano, él observó cómo los muebles levitaban, y los implementos de aseo se regaban por el piso. Escuchó chillidos y ruidos, y encontró obscenidades en la puerta del cuarto de su hijo.

Como las condiciones de pesadilla siguieron, y los Donovan no podían dormir, Ted decidió irse con su familia a un hotel, cosa que no ayudó mucho, porque las manifestaciones los siguieron a su cuarto en el hotel: "Las luces se prendían y apagaban solas. Los cuadros salían de las paredes, y una vez más comenzó el golpeteo". Después de regresar del desayuno, al día siguiente, encontraron su cuarto hecho un caos. La siguiente noche las manifestaciones siguieron, y la familia fue obligada a regresar a casa, sólo para encontrar su interior totalmente arruinado.

> La mezcla de olores era increíble. Los tapetes y las camas estaban saturados de comida, líquidos de limpieza, licor, betún, colonia, y perfume regados. Las toallas estaban metidas en los inodoros, los muebles de todos los cuartos volteados, algunos rotos y en las paredes estaban garabateadas blasfemias verdaderamente demenciales en tinta color rojo sangre, y acusaciones obscenas contra Dios y Cristo.[55]

El 9 de abril una vez más cayeron piedras sobre el techo, y continuaron cayendo toda la semana, comenzando al amanecer y deteniéndose al anochecer. "Su número y velocidad variaban". Más o menos la mitad de las piedras desaparecían cuando golpeaban la tierra. "Dentro de la casa la actividad antirreligiosa se había vuelto tan violenta como las piedras que caían sobre el techo". El refrigerador se corrió de la pared al centro de la cocina, un gran yunque de herrero, que se encontraba en el garaje, fue hallado en el congelador, y la pesada caja de herramientas de Ted fue encontrada en el ático. "Lo peor de todo, ahora parecía que una presencia física permanecía en la casa". "El terror fue aumentando porque se oían pisadas, el crujido de vestidos, y una respiración pesada. Una vez, cuando Ellen se volteó rápidamente, vio una forma negra en el cuarto detrás de ella".

El sábado 13 de abril, seis semanas después de que comenzara la pesadilla, Ted llamó a los Warren. Cuando ellos interrogaron a la familia, descubrieron el involucramiento de Patty con la tabla Ouija. "Ella negó que su espíritu amigo pudiera haber provocado esa actividad horripilante en la casa, pues él era 'amable y comprensivo', *no* cruel y destructivo".

Los Warren le pidieron al Padre Jason que se estuviera con la familia porque ellos tenían que salir para cumplir con un compromiso. Cuando el Padre Jason llegó, observó los "arañazos y el golpeteo, además de la levitación de pequeños objetos". Cuando se fue a acostar "escuchó todos los horribles sonidos que los Donovan habían estado oyendo en el último mes". Durante los cuatro días previos al regreso de los Warren, el sacerdote vio levitar objetos, y sintió la presencia del mal. El padre Jason salió cuando los Warren regresaron, y se quedaron la noche del 18 de abril. Al dormirse la familia, "los fenómenos surgieron con plena fuerza, comenzando con gruñidos y otros sonidos de bestias, seguidos por una especie de agudos y espeluznantes gritos, que uno asocia con películas de terror". Los Warren escucharon un sonido de rasgadura que después cambió a uno como de tablas cuando son desprendidas de las paredes. Los sonidos de golpeteo escuchados antes eran "ascendentes, y parecían los golpes de un gigantesco puño que daba contra la casa", por cuyo impacto se sacudía. La combinación de todo esto continuó durante más o menos una hora. La familia "decía que una especie de figura ultranegra se había manifestado y comenzado a mover" en su cuarto. Ed Warren retó al espíritu a revelar su identidad, diciéndole: "En el nombre de Jesucristo, *¿eres* un espíritu demoníaco?" Los resultados fueron:

> La cama doble donde estaban los tres Donovan, misteriosamente se levantó en el aire, y permaneció suspendida a unos 60 centímetros del piso. De repente la cómoda voló por el cuarto... estrellándose contra la pared, y luego la cama dio contra el piso.
>
> ...¡Brian estaba *levitando* unos 60 centímetros por encima de la cama!... El chico fue impulsado con tremenda fuerza contra la pared, un metro y medio lejos, y después se desplomó en el piso con su cuerpo contraído.[50]

Al día siguiente, 19 de abril, los Warren fueron testigos de sucesos aún más sobrenaturales.

> En el techo del cuarto de los padres aparecieron obscenidades y blasfemias escritas con tinta roja indeleble. ¡Más asombroso aún, mientras todos observaban, el papel de colgadura comenzó a despegarse, hoja por hoja, revelando sobre la pared un lenguaje y blasfemias horribles, escritas en tinta color rojo sangre! Ahora los cuadros no solamente se movían solos, sino que comenzaron a arder lentamente, para luego estallar en llamas. Las servilletas, toallas y bufandas, de repente se encendían, y luego, en llamas se lanzaban ellos mismos sobre alguien en el cuarto.[57]

La locura siguió el fin de semana. El 23 de abril Ted llevó a su familia a la casa de sus padres que estaba cerca, pero la presencia demoníaca los seguía. Algunas de las mismas manifestaciones sucedieron, y a la tercera "noche toda la casa resonaba con despiadados golpeteos. A la mañana siguiente las llaves de los baños e instalaciones de plomería habían sido violentamente arrancadas de la pared por alguna fuerza inimaginable". El padre Jason también fue atacado en su casa pastoral.

El 25 de abril los Warren se reunieron con el padre Jason quien tenía una llave de la casa de los Donovan. Ellos decidieron ingresar a la casa sin estar presente la familia.

> Después de quitar el cerrojo de la puerta principal, Ed descubrió que todo el lugar había sido sistemáticamente destruido. Lámparas, mesas, sillas, libros, cuadros, ropa y muebles estaban esparcidos en la sala. El olor, también, era totalmente repulsivo. Todo líquido había sido derramado y dejado hasta descomponerse. Caminando por la casa, Ed encontró las camas volteadas, los cajones extraídos, y la ropa de cama regada por todas partes. En efecto, cualquier cosa movible parecía haber sido rasgada, rota, o volteada. En la cocina, los contenidos de la despensa y el refrigerador habían sido amontonados sobre el piso, y los platos y los cubiertos apilados encima. Absoluta demencia.

> Regresando por el pasillo, de repente Ed notó que algo andaba muy mal. Un momento después la casa comenzó a retumbar y sacudirse violentamente como si acabara de ocurrir un terremoto. Temiendo que de verdad la casa pudiera caerle encima, trató de llegar a la puerta del frente, pero ¡no se podía mover![58]

Ed salió de la casa con "dos largas y profundas cuchilladas que formaban una señal de la cruz" en su brazo izquierdo. Era obvio que él había sido el blanco de este ataque, pero en últimas los Donovan eran el objetivo. Los Donovan regresaron esa tarde y arreglaron la casa dándole "una semblanza de orden". Los sucesos entre el 27 de abril y el 2 de mayo, podrían calificarse como la peor pesadilla que uno se pudiera imaginar.

> Lo que sucedió en la casa de Ted y Ellen Donovan entre el 3 de marzo y el 2 de mayo de 1974, está clasificado como un ataque verdaderamente diabólico. El terrible asalto que duró 60 días consecutivos se detuvo abruptamente con el exorcismo llevado a cabo en la casa, el 2 de mayo de 1974.
>
> El caso, y todas sus particularidades, es ahora asunto de antecedentes. En sus propios archivos, Ed Warren guarda una declaración del hermano de Ted Donovan quien fue testigo involuntario del fenómeno en la casa.[59]

Philip Donovan, hermano de Ted, dijo: "Ni yo ni nadie más en mi familia jamás había sido testigo, o experimentado en la realidad nada tan extraño y espantoso... Yo creo firmemente que, si se termina una revisión, las últimas conclusiones sugerirán qué poderes o influencias no terrenales estaban obrando".

Durante mucho tiempo los ataques y posesiones demoníacos han sido un tema de interés e investigación. Poco después del caso de Mount Rainier un editor de la publicación Jesuita *América,* reflexionaba sobre el posible significado de un suceso así:

Pero, ¿cuál podría ser el propósito de Dios al permitir que un ser humano, hecho a su propia imagen y semejanza, sea sujeto a lo que parece ser una dominación degradante, horrible y asquerosa, por un mal que supera mucho, nuestro poder de imaginación?... Por estar la horrible naturaleza del mal *tan* lejos de nuestra comprensión, siempre existe el peligro de que comencemos a ignorar y luego negar algo con lo que hemos tenido poco contacto. A veces necesitamos ser sacudidos para despertar y darnos cuenta de que *hay* pecado, y que *hay* poderes diabólicos que instigan al pecado.[60]

Quiero hacer hincapié en que el ataque y la posesión demoníacos, como en los casos citados aquí, son raramente vistos en formas tan extremas. Yo estaría de acuerdo con la conclusión de Leighton Ford: "Satanás tomará muchos más cautivos por la subversión silenciosa, que por el ataque frontal".[61]

Notas

1. William Blatty, carta al autor, 13 de noviembre de 1972.
2. Gerald Brittle: *The Demonologist* (El Demonólogo) (1980; reimpreso, New York: St. Martin's 1991), 108-109. La afirmación de Ed de que "cuatro de cada 10" casos que han investigado están conectados con la tabla Ouija (*The Demonologist*, 1980) aumentó a "cerca de 75 por ciento" en su entrevista con Stoker Hunt (*Ouija: The Most Dangerous Game*, Ouija: El juego más peligroso, 1985). "En mi entrevista con Warren el 17 de octubre de 1992, él declaró que actualmente cerca de siete de cada 10 de nuestros casos están relacionados con la tabla Ouija".
3. Edward Glynn: "*The Exorcist*: Then and Now" (El Exorcista: Entonces y Ahora), América (19 de enero de 1974): 26.
4. Ibid.; *Religious News Service*, 4 de enero de 1974, 10.
5. Glynn, "*The Exorcist* (El Exorcista)", 26.
6. Charles Chaplin: "*Exorcist* Author Remembers Mama" (El Autor del Exorcista Recuerda a Mamá), *Los Angeles Times Calendar*, 16 de septiembre de 1973, Pág. 24, William Blatty, carta al autor, 25 de noviembre de 1973.

7. D. R. Linson: Washington's Haunted Boy (El Chico Embrujado de Washington) *Fate* (abril de 1951), reimpreso en *Exorcism: Fact Not Fiction* (New York: New American Library, 1974), 13.
8. Thomas B. Allen, *Possession: The True Story of an Exorcism* (Posesión: La Verdadera Historia de un Exorcismo) (New York: Doubleday, 1993), 5.
9. Linson, "Haunted Boy", 13-14.
10. Allen: *Possessed* (Poseído), 6-8.
11. Linson: "Haunted Boy" (El Chico Embrujado), 14.
12. Ibid.
13. Bill Brinkley: Priest Frees Mt. Rainier Boy Reported Held in Devil's Grip (Sacerdote Libera a Niño de Mt. Rainier reportado en las Garras del Diablo), *Washington Post*, 20 de agosto de 1949, Pág. 9.
14. Linson: "Haunted Boy" (Chico Embrujado), 14-15.
15. Ibid., 15.
16. Ibid., 15-16.
17. Brinkley, "Priest" (Sacerdote), 9.
18. Chris Chase: "Everyone's Reading it, Billy's Filming It" (Todos lo están leyendo, Billy lo está filmando), *New York Times, 27 de agosto de 1972, Pág. D-9.*
19. William Peter Blatty: *I'll Tell Them I Remember You* (Les Diré que Te Recuerdo) (New York: Norton 1973), 117-118.
20. Ibid., 117.
21. Brinkley: "Priest", 1. Dr. H. A. Kelly, profesor de Inglés en U.C.L.A. y autor de *The Devil, Demonology and Witchcraft* (*El Diablo, Demonología y Brujería*), estudió durante 13 años en la orden Jesuita. El declaró que en 1960 entrevistó al sacerdote que había efectuado el exorcismo en el caso de 1949. Kelly concluyó que el problema del chico no era posesión sino enfermedad. También descartó la realidad de posesión demoníaca como una mala interpretación de la Biblia, y opina que el exorcismo es perjudicial. Contrario a otros relatos publicados, él afirmó que el caso no fue seriamente investigado antes de que comenzara el exorcismo. Sin embargo, el arzobispo Philip Hannon, quien era jefe de la Oficina de la Cancillería en Washington en 1949, y "quien dijo que había visto todo el informe confidencial sobre el exorcismo original, aseguró que los psiquiatras habían agotado todo recurso para ayudar al chico, y que el tratamiento del hospital también había fallado cuando se hizo contacto con la Cancillería de Washington" ("*Exorcist* a Travesty, Says Bishop, El Exorcista, una parodia, dice obispo"), *Eternity* [abril de 1974], 10). Kelly presenta su relato en un cassette: "Exorcism: The Devil, Demons and Possession

(Exorcismo: El Diablo, Demonios y Posesiones)", (Pittsburgh, Pa.: Thesis, 1974).

22. Blatty: *I'll Tell Them (Les Diré)*, 118-119.
23. Brinkley, "Priest" (Sacerdote), 1.
24. Ibid.
25. Champlin: *"Exorcist* Author" (Autor del Exorcista), 1, y otras fuentes.
26. Brinkley, "Priest", 1. De acuerdo con Blatty: "La historia en el *Post*, mostró ser precisa, excepto donde implicaba que el chico sabía latín. Es cierto que él podía repetir como loro frases largas, y hasta oraciones en Latín acabado de hablar por el exorcista como parte del ritual... Pero el hablar de esa forma es fácilmente atribuible al inconsciente elevado de desarrollo intelectual... como posible acompañante de ciertas formas de histeria" (*William Peter Blatty on the Exorcist from Novel to Film, El Exorcista de Novela a Película)* [New York: Bantam, 1974], 22-23).
27. Kenneth L. Woodward, *"The Exorcism Frenzy"* (El Frenesí del Exorcismo), *Newsweek,* 11 de febrero de 1974, 63.
28. Brinkley, "Priest" (Sacerdote), 1
29. Woodward, "Exorcism Frenzy" (Frenesí de Exorcismo), 64.
30. Ibid. "El reverendo John Nicola pudo revisar la documentación original del caso y la encontró firmada por no menos de 41 testigos" (D. Scott Rogo, *The Poltergeist Experience* (La Experiencia Fantasmal) [New York: Penguin, 1979], 213).
31. Brinkley, "Priest" (Sacerdote), 9.
32. Rex Reed: "Filming of *The Exorcist* -It was Hell" (Filmación del Exorcista -fue un Infierno), *Los Angeles Times Calendar*, 18 de noviembre de 1973, Pág. 28; *Los Angeles Times Calendar*, 16 de septiembre de 1973, Pág. 24.
33. "Casting Out the Devil" (Echando Fuera al Demonio) *América* (3 de septiembre de 1949): 574.
34. Ray Loynd, "The Film's Impact" (El Impacto de la Película), *Los Angeles Herald-Examiner*, 27 de enero de 1974, Pág. A-3.
35. Blatty: *"I'll Tell Them" (Les Diré),* 119.
36. Champlin: "*Exorcist* Author" (Autor del Exorcista), 24. Otro caso reconocido de posesión es el de "Anna Ecklund", una mujer de 40 años que fue llevada al convento de las Hermanas Franciscanas en Earling, Iowa. Fue "quizá el relato más detallado de un caso de exorcismo en la Norteamérica del siglo XX". Tuvo lugar entre el 1 y 23 de septiembre de 1928 (Carl Vogl, "Satan in Iowa" (Satanás en Iowa),

reimpreso en *Exorcism Fact Not Fiction (Exorcismo, Hecho no Ficción)* [New York: New American Library, 1974], 212-245.

37. William Peter Blatty, *The Exorcist* (El Exorcista) (New York: Bantam, 1971), 41-42.
38. Ibid., 79.
39. Ibid., 88.
40. Ibid.
41. Ibid., 88-89.
42. Ibid., 89.
43. Ibid., 112.
44. El libro de Oesterreich fue reimpreso en 1966 (New Hyde Park, N. Y.: University Books). Otras obras de ayuda incluyen: Montague Summers, *The History of Witchcraft and Demonology* (Historia de la Brujería y Demonología) (London: Routledge and Kegan Paul, 1926), capítulo 6; John L. Nevius, *Demon Possession* (Posesión Demoníaca) (Grand Rapids: Kregel, 1968), y Malachi Martin, *Hostage to the Devil (Rehén del Demonio)* (New York: Bantam, 1976). Hay una serie de libros parecidos disponibles sobre posesión para el lector interesado.
45. Francoise Strachan, *Casting Out the Devils* (Echando Fuera a los Demonios) (New York: Weiser, 1972), 33-34.
46. Ed y Lorraine Warren con Robert D. Chase, *Ghost Hunters* (Cazafantasmas) (New York: St. Martin's 1989), 150. Aunque yo admiro el obvio interés, el servicio sacrificial, y los años de experiencia en investigación y oposición a lo oculto de los Warren, no siempre estoy de acuerdo con su forma de aproximación e interpretación. Tengo dificultad con su ritualismo católico, y a veces su interpretación de eventos viola una teología más basada en la Biblia (Brittle, *Demonologist*, 177, 193, 221, et passim).
47. Brittle: *Demonologist* (Demonólogo), IX-X.
48. Ibid., 109.
49. El siguiente resumen de esta historia viene del libro de Brittle: *Demonologist* (Demonólogo), 222-231, usado con permiso.
50. Ibid., 222-23.
51. Ibid., 224.
52. Ibid., 228.
53. La siguiente historia y resumen vienen del libro de Warren: *Ghost Hunters* (Cazafantasmas), 51-71.
54. La siguiente historia y resumen vienen del libro de Brittle *Demonologist*, 135-170, usado con permiso.

55. Ibid., 144.
56. Ibid., 157.
57. Ibid.
58. Ibid., 162.
59. Ibid., 169.
60. "Casting Out the Devil" (Echando Fuera al Demonio), *América* (3 de septiembre de 1949): 575.
61. Leighton Ford: "God's Exorcist" (Exorcista de Dios), *Decision* (mayo de 1974): 12.

9

Jane Roberts, "Michael", y la Conexión de Canalización

En su libro *A Crash Course on the New Age Movement* (Un Curso intensivo Sobre el Movimiento de la Nueva Era), Elliot Miller afirma con precisión que "una nueva ola de espiritismo se está extendiendo por América; la mayor desde el comienzo del fenómeno a mediados del siglo XIX".

Esta expresión contemporánea "de espiritismo es denominada movimiento de 'canalización'. La canalización podría denominarse: "Estilo de Espiritismo de la Nueva Era".[1] Uno puede visitar casi cualquier librería y encontrar libros sobre cómo canalizar, y el movimiento de canalización, entre los que se encuentran: *How to Develop Your ESP Power* (Cómo Desarrollar su poder de PES) (1966); *The Seth Material* (El Material Seth) (1970); *Seth Speaks* (Seth Habla) (1972); *Messages from "Michael"* (Mensajes de "Michael") (1979); *More Messages from "Michael"* (Más Mensajes de "Michael") (1986); *Michael's People* (El Pueblo de "Michael") (1988); *Channeling: The Intuitive Connection* (Canalización: La Conexión Intuitiva) (1987); *Opening to Channel* (Apertura a la Canalización) (1987); Channeling: How to Reach Out to Your *Spirit Guides*

Communication (Canalización: Cómo Comunicarse con sus Espíritus Guías) (1988) Spirit Communication (Comunicación Espiritista) (1989); *How to Meet and Work with Spirit Guides* (Cómo Conocer y Trabajar con Espíritus Guías) (1992); y el análisis informativo y simpático de Jon Klimo, *Channeling: Investigations on Receiving Information from Paranormal Sources* (Canalización: Investigaciones sobre Recepción de Información Proveniente de Fuentes Paranormales) (1987).

Jon Klimo explica la popularidad de la canalización a mediados de los 80:

> Algunos casos de canalización se han vuelto penetrantes. Ahora una cifra cada vez mayor de personas está buscando y siguiendo la orientación provista mediante la canalización. Relatos del fenómeno están siendo publicados en los medios. Docenas de libros nuevos que se dice han sido canalizados están apareciendo en las librerías. Millones de lectores han sido introducidos al fenómeno a través de los libros, que han alcanzado el éxito editorial, de la actriz Shirley MacLaine.[2]

Klimo proporciona la siguiente definición de canalización:

> Canalización es la comunicación de información a, o por medio de un ser humano físicamente encarnado, de una fuente que se dice existe en algún otro nivel o dimensión de la realidad, diferente a la física, tal como la conocemos, y que no es de la mente normal (o ego) del canal.[3]

Elliot Miller cree que "la mayoría de casos de canalización puede describirse en términos de posesión voluntaria".[4] Al comparar la explosión de la actividad de canalización en el siglo XIX, con la del actual, la psicoterapista y canalizadora Kathryn Ridall, observa: "Si hoy la canalización parece enfocada en espíritus guías y maestros espirituales evolucionados de otras dimensiones, los médium del siglo XIX se enfocaron en mensajes de canalización de los difuntos".[5]

Jane Roberts

¿Cuándo comenzó la historia moderna de la canalización? ¿Jugó la tabla Ouija algún papel en su lanzamiento y popularización? En otras palabras, ¿existe una conexión con la Ouija? Algunos escritores creen que la canalización comenzó con el resurgir espiritista del siglo XIX, pero otros creen que Edgar Cayce es el padre de la canalización moderna. Klimo argumenta por un punto de partida diferente:

> He decidido iniciar la era moderna de canalización con la médium americana Jane Roberts y su fuente "Seth". Se puede argumentar que la publicación y amplia distribución de millones de copias de los libros variados de "Seth", que comenzó a principios de los años 70, llevó la canalización a una atención pública más amplia que nada, ni nadie, hasta entonces, en este siglo, excepto por Edgar Cayce. Los muchos libros sobre el material Cayce comenzaron a salir a la superficie en los años 60, aunque su trabajo cesó con su muerte en 1945. La canalización de Roberts se extendió desde los años 60, hasta su muerte en 1984.[6]

El *New Age Almanac* (Almanaque Nueva Era) dice que los libros de Jane Roberts "introdujeron una nueva generación de actividad médium en un contexto no espiritista. Generalmente se acredita *a The Seth Material* (El Material Seth), el lanzamiento del fenómeno de canalización, el cual se ha convertido en uno de los distintivos del Movimiento de la Nueva Era".[7]

El artículo sobre "Canalización" en *Encyclopedia of Mystical and Paranormal Experience* (Enciclopedia de Experiencia Mística y Paranormal), de Harper, concuerda.

> En el despertar de la decadencia del espiritismo, fueron producidas obras canalizadas, pero la canalización en sí misma no cobró atención amplia en occidente, sino hasta finales de los años 60, y principios los 70, cuando Jane Roberts comenzó a publicar sus libros Seth... El inauguró un resurgir de la canalización de entidades más altas, en lugar de espíritus de difuntos.[8]

Como lo hemos demostrado, con frecuencia la tabla Ouija funciona como una puerta a lo oculto, y por eso no es sorprendente que la experimentación psíquica de Jane Roberts comenzara después de que su esposo Rob le sugiriera escribir un libro de PES, hágalo-usted-mismo. Ni ella ni Rob habían tenido jamás ninguna experiencia telepática, o visto una tabla Ouija. Ella siguió la sugerencia de su esposo y remitió un bosquejo del libro a su editor, sin tener la esperanza real de que ellos aceptarían su propuesta. Para su gran sorpresa, el editor se mostró entusiasmado con su bosquejo, y le pidió varios capítulos de muestra. Jane y Rob comenzaron adquiriendo una tabla Ouija y experimentando con ella. La pareja tenía poca fe o interés en la tabla, y sus dos primeros intentos fracasaron.

Pero al tercer ensayo de la tabla, el indicador comenzó a moverse, supuestamente deletreando mensajes de "Frank Withers" (seudónimo). Ambos se sintieron sorprendidos de que la tabla funcionara. A la cuarta sesión, el 8 de diciembre de 1963, el indicador se movió tan rápidamente que se les dificultaba mantener los dedos encima. Cada vez las respuestas fueron más largas, y por primera vez producía oraciones completas. El personaje "Withers" fue sustituido por "Seth". Las siguientes dos sesiones con "Seth" añadieron un nuevo elemento. Jane comenzó a anticipar lo que la tabla más tarde deletrearía. En la siguiente sesión, la cuarta con "Seth", ella comenzó a escuchar las palabras, en su cabeza, que le llegaban cada vez con mayor rapidez. No sólo recibía oraciones, sino también párrafos completos antes de que fueran deletreados en la tabla. Para la siguiente sesión, diciembre 15, Jane no sólo oía las palabras en su mente, sino que también tenía el impulso de hablarlas. De repente, sin ninguna explicación, de cómo o por qué, ella comenzó a hablar por "Seth". A estas alturas se había liberado de la tabla; entraba en trance, y "Seth" hablaba a través de ella.[9] Sus ademanes, expresión facial y voz cambiaban cuando "Seth" los "tomaba prestados". La voz es descrita como profunda y a veces fuerte, y más masculina que femenina.[10] Jane tuvo también varias "experiencias fuera del cuerpo". A través de su "Seth" diagnosticaba enfermedades, identificaba el contenido de sobres sellados, describía edificios a distancia, leía el futuro y materializaba apariciones en un cuarto bien iluminado.[11]

Los Roberts progresaban a una velocidad increíble. Su aventura comenzó el 2 de diciembre de 1963, y para finales de enero habían recibido unas 230 páginas de copias mecanografiadas.[12] En su segundo libro: *The Seth Material* (El Material Seth) (1970), Jane Roberts es descrita con 50 libretas de hojas sueltas (5.000 páginas) de comunicaciones de "Seth" que había acumulado para esa época.[13] Desde 1970, hasta su muerte en 1984, las transcripciones de Roberts sobre sus sesiones "Seth", produjeron aproximadamente un libro cada año. Las enseñanzas "Seth" rechazan completamente el cristianismo bíblico y lo substituyen por una filosofía compleja de reencarnación y desarrollo evolutivo.[14]

El libro de Roberts, de 1966 (*How to Develop Your ESP Power, Cómo desarrollar su Poder de PES*) que fue reimpreso en 1976 con el nuevo título de: *The Coming of Seth* (La Llegada de Seth), detallaba el papel básico de la tabla Ouija en la iniciación del contacto "Seth". La publicación inicial del libro fue un completo fracaso. De hecho un editor rechazó el manuscrito específicamente por la aparición de "Seth". Si "Seth" era borrado, él publicaría el libro.[15]

Se le hicieron pocas revisiones al libro, pero tuve cuidado en algunas de ellas para no llevar a mis

> lectores por mal camino, animándolos a experimentar con la tabla "Ouija", que, algunos decían, podría conducir a problemas psicóticos en el mejor de los casos, o posesión de espíritus malos en el peor.[16]

> Más tarde en la introducción Roberts, escribe:

> Comenzamos con la tabla "Ouija". Es el método preliminar de activar las otras porciones de la psiquis, un método no muy respetado, y que es considerado sin reputación por la mayoría de parasicólogos...

> Pero este no es un libro para científicos. Se trata de un manual para gente común cuyo único acceso a un laboratorio es su disposición de abrir las puertas al laboratorio de la mente privada.[17]

El uso de la tabla Ouija por parte de Roberts para canalizar, sirvió como modelo para otros. Sanaya Roman comenzó a canalizar a través de su espíritu guía "Orin" como resultado de la lectura de los libros de Roberts.

> Más o menos en esa época Jane Roberts canalizó muchos libros por medio de su guía, "Seth", que leí y me encantaron. Varios amigos y yo comenzamos a reunirnos para analizar los libros, y conseguimos una tabla Ouija para conectarnos con nuestros guías. Inmediatamente obtuvimos mensajes, y le preguntamos por la guía suprema que podíamos tener. Queríamos un guía como "Seth".

> Así fue como conocí a "Orin" en 1977. El vino a través de la tabla Ouija, anunciando que era un maestro, y que escucharíamos más de él a medida que aumentara mi capacidad de recibirlo... Continuamos obteniendo su guía una vez a la semana, y mucha información de otro guía, "Dan", que venía con más frecuencia. Muchos amigos asistían a esas sesiones, y obtuvimos 200 páginas de notas.[18]

Más tarde ese año, después de un accidente automovilístico, Roman comenzó a canalizar directamente. En 1982 ella conoció a Duane Packer quien había leído algunos de los escritos "Orin" de Sanaya. En 1984 Roman y Packer unieron fuerzas y comenzaron a canalizar juntos. Sus guías, "Orin" y "DaBen", sugerían que enseñaran la canalización, y así lo hicieron.[19] Roman y Packer escriben: "En los últimos años, nosotros y nuestros guías, "Orin" y "DaBen", hemos enseñado a cientos de personas a canalizar, y los hemos seguido en su desarrollo".[20]

La doctora Kathryn Ridall reconoce que el material "Seth" abrió su mente a la canalización: "Yo diría que la lectura de estos libros me hizo receptiva a la idea de que me podría beneficiar con maestros en otros niveles de existencia, y que la información canalizada podía ser de valor para mí".[21] En su discusión acerca de varios canales, Ridall observa que todos, excepto uno, estudiaron el material "Seth" para desarrollar la canalización.[22]

Con el surgimiento de la popularidad de "Seth", unida a la renuencia de Roberts a convertirse en líder del movimiento, otros comenzaron a organizar los siguientes libros "Seth". Dos de esos fueron publicados por otros autores: *Conversations with "Seth"* (Conversaciones con "Seth"), de Susan M. Watkins (1980) y *Create Your Own Reality* (Cree Su Propia Realidad) por Nancy Ashley (1984).[23]

Tam Mossman, un editor de Prentice-Hall, comenzó a editar el material "Seth" en 1968, "y durante más de 14 años sirvió como editor para todos los libros "Seth" de Roberts, mientras Jane estaba viva. En 1975 comenzó a canalizar su propio ser, 'James'.[24] Debido a que la demanda para evaluar otro material canalizado se incrementó, Mossman dejó el trabajo, para editar su propio periódico trimestral de canalización, *Metapsychology (Metapsicología)* (Subtitulado *The Journal of Disincarnate Intelligence* (El Periódico de la Inteligencia Desencarnada). Otros centros, sociedades y publicaciones "Seth", también surgieron. Después de la muerte de Jane Roberts, "aparecieron otras personas que afirmaban estar canalizando a 'Seth'".[25]

Mensajes de "Michael"

Los tres libros de "Michael" exponen a la vista, de manera notoria, tablas Ouija en sus carátulas. En su libro *Channeling* (Canalización), publicado en 1987, Jon Klimo observa que "estos libros [*Messages from "Michael"* y *More Messages from "Michael"*] (Mensajes de "Michael", y Más Mensajes de "Michael") han hecho que él sea uno de los más conocidos casos de canalización que ha llegado a destacarse en los últimos años.[26] "Michael" se presentó a través de la tabla Ouija una noche, en octubre de 1970, a Jessica Lansing y su esposo Walter (todos los nombres son ficticios) durante una fiesta en su casa. Jessica y su esposo vivían fascinados con la parapsicología, y lo psíquico. Craig y Emily Wright estaban presentes en la primera sesión que duró cinco horas,[27] la cual condujo a la organización del primer grupo "Michael", que siguió reuniéndose con el personaje dos veces al mes.[28]

> Jessica después usó una tabla de fabricación especial, porque las tablas comerciales no soportaban. La que yo usaba durante un mes, luego comenzaba a pandearse, o las letras se desteñían. Ensayamos todo. Desde cubrirlas con plástico, hasta colocarlas en un soporte más pesado. Sencillamente no estaban diseñadas para esta clase de uso.[29]

Los miembros del grupo "Michael" cambiaban con los años, pero Jessica siguió canalizando para el grupo durante 15 años antes de dejarlo por la naturaleza exigente del trabajo. Otros se desempeñaron como canalizadores durante la vida del grupo, incluyendo Camille Rowe, quien usó la escritura automática en lugar de la tabla.[30]

El éxito de los libros de "Michael", y la prominencia relacionada de la tabla Ouija sirvieron para recomendar la tabla como el punto de partida hacia la canalización, o como una herramienta ocultista. ¡Sin duda, el mismo "Michael" aprueba la tabla Ouija!

Operar la tabla tiene la ventaja de que debido a la velocidad con la que se dicta el material, el médium generalmente no es capaz de interferir con lo que está recibiendo. Esto permite más información y "supervisión", y tiene la ventaja de que cuando se bloquea la información, la planchette tiende a dejar de moverse...

La velocidad, claro está, a veces hace difícil que los asistentes la sigan, y aunque esto es desagradable, también hace posible que quienes toman el dictado escuchen sin saltar a conclusiones, sin tratar de adivinar las palabras.[31]

Chelsea Yarbro, recopiló *Messages from "Michael" (Mensajes de "Michael")*, de 10 años de transcripciones de miles de horas de mensajes Ouija. ¿Qué comunican los mensajes de "Michael" en cuanto a su opinión y perspectiva del cristianismo? La portada del libro resume sus opiniones:

> Los mensajes de "Michael" tratan acerca de la naturaleza del alma humana, y el propósito de la vida: No se requiere creer; de todas formas usted reencarnará... No hay nadie "allá afuera", cuando usted salga, que le pregunte si fue un episcopalista.
>
> En lenguaje claro y hermoso, "Michael" explicó las siete edades del alma a medida que reencarna.
>
> ...Su tipo de alma sigue lo mismo a través de sus encarnaciones, aunque el alma envejece a medida que madura. Finalmente el alma alcanza el último umbral de la muerte, antes de la vida en otro mundo... Los mensajes de "Michael" fortalecen nuestra esperanza de que vivir tiene sentido... Porque una vez que usted levante este libro, como él mismo dijo, tiene acceso a la eternidad.[32]

Como usted puede suponer, los comentarios de "Michael", en cuanto a asuntos teológicos, no son compatibles con la Biblia. Por ejemplo: El niega la existencia de Dios, del pecado, del mal, del Diablo, y los demonios. Mientras niega el nacimiento virginal de Cristo y la expiación, "Michael" afirma que Jesús era casado y que no murió en la cruz. Además, con su opinión acerca de la reencarnación rechaza la resurrección.[33]

Como en el caso de "Seth", otros afirman canalizar a "Michael". Klimo escribe: "Recientemente, más de seis diferentes personas, en el área de San Francisco, afirman haber estado canalizando al mismo "Michael" por diferentes medios, incluyendo la escritura automática, el trance leve, y el trance completo.[34] Una de ellas es el psicólogo clínico y canalizador José Stevens, quien leyó algunos de los primeros mensajes del grupo original.[35]

Como respuesta a las preguntas en cuanto al papel de la tabla Ouija en el lanzamiento y popularización del movimiento de canalización, la evidencia presentada en este capítulo muestra que el material de Jane Roberts "Seth" y los libros de "Michael", jugaron un papel crucial y fundamental para el comienzo y la propagación del movimiento de canalización; o sea el espiritismo de la Nueva Era.[36]

Notas

1. Elliot Miller, *A Crash Course on the New Age Movement* (Un Curso Intensivo sobre el Movimiento de la Nueva Era) (Grand Rapids: Baker, 1989), 141.
2. Jon Klimo, *Channeling: Investigations on Receiving Information from Paranormal Sources* (Canalización: Investigaciones sobre la Recepción de Información Proveniente de Fuentes Paranormales) (Los Angeles: Tarcher, 1987), 1. El permiso para citar fue otorgado por Tarcher y Klimo.
3. Ibid., 2.
4. Miller, *Crash Course* (Curso Intensivo), 142.
5. Kathryn Ridall, *Channeling: How to Reach Out to Your Spirit Guides* (Canalización: Cómo Alcanzar Sus Espíritus Guías) (New York: Bantam, 1988), 23.
6. Klimo, *Channeling* (Canalización), 23.
7. J. Gordon Melton, Jerome Clark, y Aidan A. Kelly, *New Age Almanac* (Almanaque Nueva Era) (Chicago: Visible Ink Press, 1991), 96.

8. Rosemary E. Guiley, *Harper's Encyclopedia of Mystical and Paranormal Experience* (Enciclopedia Harper de Experiencia Mística y Paranormal) (San Francisco: Harper Collins, 1991), 89.
9. Jane Roberts: *The Seth Material* (Englewood Cliffs, N. J.: Prentice-Hall, 1970), 13-21. La información sobre estas sesiones no concuerda exactamente con la dada en su primer libro: *How to Develop Your ESP Power* (*Cómo Desarrollar su Poder de PES*) (New York: Frederick Fell, 1966), 16-17.
10. Ibid., 143-150.
11. Ibid., cubierta opuesta interna de la edición en rústica, 72, 102, 106.
12. Ibid., 50.
13. Ibid., opuesta, 177.
14. Roberts: *"Seth" Material (Material "Seth")*, 244-247; *The God of Jane (El dios de Jane)* (Englewood Cliffs,, N. J.: Prentice-Hall, 1981), Cap. 20. Si desea encontrar un resumen de Jane Roberts y el material "Seth" refiérase al libro de Stoker Hunt: *Ouija: The Most Dangerous Game* (*Ouija: El Juego más Peligroso*) (New York: Barnes and Noble), 36 43.
15. Jane Roberts: *The Coming of "Seth"* (*La Llegada de "Seth"*) (New York: Pocket Books, 1976), XI.
16. Ibid., XII.
17. Ibid., XV.
18. Sanaya Roman y Duane Packer: *Opening to Channel: How to Connect with Your Guide* (*Apertura a la Canalización: Cómo Conectarse con su Espíritu Guía*) (Tiburon, Calif.: Kramer, 1987), 127-128.
19. Ibid., 130-131, 135.
20. Ibid., 2.
21. Ridall, *Channeling* (Canalización), 2.
22. Ibid., 33.
23. Melton: *New Age* (*Nueva Era*), 97.
24. Klimo, *Channeling* (*Canalización*), 135.
25. Melton: *New Age (Nueva Era)*, 97.
26. Klimo, *Channeling (Canalización)*, 50.
27. Chelsea Q. Yarbro: *Messages from Michael* (Mensajes de Michael) (New York: Berkley, 1979), 17-28.
28. Chelsea Q. Yarbro, *Michael's People* (El Pueblo de Michael) (New York: Berkley, 1988), 2.

29. Yarbro, *Messages (Mensajes)*, 49.
30. Yarbro, *More Messages from Michael* (*Más Mensajes de Michael*) (New York: Berkley, 1986), 166-168.
31. Ibid., 167.
32. Yarbro, *Messages* (Mensajes), cubierta.
33. Ibid., Caps. 9 y 10.
34. Klimo, *Channeling (Canalización)*, 50.
35. Ibid., 140.
36. Miller, *Crash Course* (*Curso Intensivo*), 141.

10

La Perspectiva Bíblica de los Demonios, la Actividad Demoníaca y la Posesión

Aunque la tendencia en la actualidad es ver todo los fenómenos demoníacos como psicológicos,[1] la posibilidad de lo demoníaco y de la posesión exige un análisis serio. "El término 'posesión' lleva a conclusiones erróneas, y no es la mejor traducción de la palabra griega *daimonidzomai* que literalmente significa 'estar endemoniado', y con frecuencia puede traducirse mejor como 'tener un demonio'".[2] Con esta comprensión, aún usaremos la palabra "posesión", porque es comúnmente utilizada por los escritores en relación con este tema.

Sin duda, Jesucristo enseñó la realidad de los demonios, y sus actividades. De hecho Jesús afirmó que su habilidad de sacar demonios era una señal de que el reino de Dios había llegado (Lc. 11:20). Otros escritores bíblicos claramente hacen diferencia entre enfermedad normal, y casos de posesión demoníaca (ver Mt. 4:23-24; 8:16; 10:1; Mr. 1:32; Lc. 4:33-36, 40-41; 6:17-18; 9:1-2).

Misioneros han tratado miles de casos de actividad y posesión demoníaca. El Dr. L. Nelson Bell, quien fue cofundador y editor ejecutivo de *Christianity Today* (Cristianismo Hoy), escribe: "Creo que la posesión demoníaca es una realidad en el siglo XX, porque he visto varios casos en China... La posesión demoníaca fue algo tan demostrable como la malaria".[3] El profesor Raymond B. Buker, misionero en Birmania durante 16 años, secretario de misiones extranjeras y profesor de misiones con los Bautistas Conservadores, concuerda: "Quienes hemos trabajado en campos misioneros sabemos de la realidad de las actividades demoníacas. Muchos de nosotros hemos visto en acción personas poseídas por los demonios".[4] Después de discutir casos en Pakistán, China, América Latina, Africa y Norteamérica, Buker concluye: "Sostenemos que la posesión demoníaca es prevalente hoy aun en medio de nuestra sofisticada sociedad".[5]

La obra clásica sobre posesión desde una perspectiva cristiana es la del Dr. John L. Nevius, *Demon Posession and Allied Themes* (Posesión Demoníaca y Temas Afines).[6] Como misionero en China, el Dr. Nevius comenzó a estudiar la posesión, usando un cuestionario detallado que él distribuyó entre cristianos y misioneros chinos. Nevius concluyó que la posesión demoníaca era exactamente lo que el nombre sugiere.[7] En el prefacio de la reimpresión el Dr. Merrill F. Unger, escribe:

> Uno no puede examinar el relato del Dr. Nevius, acerca de sus experiencias con el demonismo, como misionero cristiano en China, sin ser golpeado por el hecho de que es como una página de los evangelios donde la posesión y expulsión de demonios juega un gran papel en el ministerio terrenal de nuestro Señor.
>
> Hoy, la gente en general, incluso cristianos que profesan creer en la Biblia, rechazan el demonismo de los evangelios, y de las Escrituras, como un todo, calificándolo como una adaptación al folclor y superstición de días pasados, que ahora, en una era científicamente informada, ya no es creíble.

El contacto directo del Dr. Nevius con las desenfrenadas fuerzas espirituales del mal, detrás de una cultura antigua pagana, no sólo comprueba que el demonismo de la Biblia no es una adaptación a las supersticiones populares del día, sino una realidad espiritual de mucho significado en nuestro mundo moderno.[8]

Unger afirma en *Demons in the World Today* (Demonios en el Mundo Hoy), la existencia continua de demonios: "La evidencia de las Escrituras, la naturaleza, la historia comparativa de las religiones, y la experiencia humana, todas testifican la existencia del sobrenaturalismo del mal".[9]

Millard J. Erickson, decano y profesor de teología en el Seminario Teológico Betel, dice:

> No hay razón para creer que las posesiones demoníacas están restringidas al pasado. Existen casos, sobre todo, pero no exclusivamente, en culturas menos desarrolladas, que parecen ser explicables sólo sobre esta base. El cristiano debe estar alerta a la posibilidad de la posesión demoníaca que ocurre hoy. A la vez, uno no debe apresurarse a atribuir los fenómenos físico y psíquico aberrantes, a una posesión demoníaca.[10]

El libro de Kurt Koch, *Occult Bondage and Deliverance* (Esclavitud Oculta y Liberación), contiene un análisis importante del Dr. alemán, Alfred Lechler, un psiquiatra cristiano quien define lo demoníaco, y hace la diferencia entre enfermedad y posesión, examinando enfermedades tales como la esquizofrenia, la epilepsia, la depresión mental, la neurosis, la psicopatía, y la demencia senil.[11]

Lechler concluye: "¿Se justifica que hablemos de lo demoníaco? ¡Desde luego! La gente hoy está reconociendo cada vez más que lo demoníaco no es, bajo ninguna circunstancia, apenas un concepto bíblico anticuado". Para él lo demoníaco es "una terrible realidad que uno debe reconocer ahora más que nunca".[12] En *Christian Counse-*

ling and Occultism (Consejería Cristiana y Ocultismo), Koch presenta, y luego cita de Lechler: "Damonie und Seelenstorung".

> El presenta tres casos de posesión, y muestra que no se pueden explicar satisfactoriamente desde el punto de vista psiquiátrico, además de concluir su diagnóstico diferencial afirmando: "Que en la consideración de esta situación estábamos tratando con una posesión, ya no me quedó duda. Puesto que la condición no mejoraba a través del cuidado pastoral, procedimos a la expulsión. Con frecuencia esto resultó en luchas violentas, de algunas horas de duración, con azotes, gritos, burlas y blasfemia, especialmente cuando la sangre de Cristo era mencionada.[13]

En su conferencia: "Demonología: Pasado y Presente", Koch se refiere a una presentación que hizo ante un grupo de psiquiatras de Londres.

> Durante la discusión que siguió a mi charla, dos psiquiatras se levantaron y afirmaron muy dogmáticamente que la posesión como tal, no existía. Inmediatamente después de esto, sin embargo, otros dos psiquiatras que estaban presentes, ambos cristianos, se levantaron y dijeron que no sólo ellos estaban convencidos de que la posesión era un fenómeno verdadero, sino que ya habían tenido casos de ella dentro de su ejercicio profesional; uno de ellos siete, y el otro once.[14]

El psicoterapista M. Scott Peck, dedica un capítulo de su libro *People of the Lie* (Gente de la Mentira), a la posesión y el exorcismo. Es de suponer, que como psicoterapista él no creía en la posesión. "Claro que no creía que existiera la posesión. En 15 años de intensa práctica psiquiátrica nunca había visto nada ni siquiera parecido a un caso".[15] Peck admitió que el hecho de no haber visto un caso, no excluía la posesión, pero que encontraba la literatura sobre el tema en su mayoría ingenua, simplista, o sensacionalista. Pocos autores parecían más profesionales, y opinaban acerca de la posesión como algo poco común. Peck decidió investigar, y le informó a otros profesionales que quería observar cualquier supuesto caso de posesión. Los primeros dos casos que él analizó sufrían de desórdenes psiquiátricos normales, pero el tercero, en realidad era de posesión. Más tarde estuvo involucrado en un segundo caso de posesión verdadera, además de que presenció ambos exorcismos.

> Como científico realista... yo podría explicar, mediante dinámicas psiquiátricas tradicionales, el 95 por ciento de lo que sucedió en estos dos casos... Pero me quedo con un crítico cinco por ciento que no puedo explicar de esta forma. conservo lo sobrenatural; o mejor aún, subnatural. Me quedo con lo que Malachi Martin [en *Hostage to the Devil* (Rehén del Demonio)] denominó, la Presencia.[16]

Peck sostiene que el libro de Martin "describe muy bien cinco casos de posesión", y que toda su "experiencia (de Peck) confirma la precisión y el profundo entendimiento de la obra de Martin".[17]

Un caso de *Hostage to the Devil* (Rehén del Diablo)[18] tiene que ver con Carl, un psicólogo y profesor universitario involucrado en la investigación parasicológica durante varios años. Su experiencia, con el tiempo, lo llevó a la posesión y la necesidad de exorcismo, seguido por 11 meses de hospitalización. Más tarde él escribió una carta a sus antiguos estudiantes y colegas, afirmando: "Solemnemente y de mi libre voluntad, deseo reconocer que a sabiendas y espontáneamente me dejé poseer por un espíritu malo. Y aunque ese espíritu vino bajo el disfraz de salvarme, perfeccionarme y ayudarme a ayudar a otros, yo sabía desde el principio que era malo".[19]

En el artículo del periódico: Exorcisms Defended by Psychiatrist-author (Exorcismos Defendidos por un Autor Psiquiatra), Peck le dijo al revisor, que desde la publicación de *People of the Lie* (Gente de la Mentira) él conocía otros tres respetados psiquiatras que estuvieron involucrados en exorcismos.

Peck predice que dentro de una década la posesión demoníaca será un diagnóstico psiquiátrico. El concuerda con Malachi Martin, experto en exorcismos, en que, en los Estados Unidos, se realizan 1.000 exorcismos al año... sin la bendición de la iglesia.[20]

Estos respetados y competentes profesionales, confirman la realidad de la actividad y posesión demoníaca, y si el espacio lo permitiera, muchos otros podrían añadirse.

La Descripción Bíblica de los Demonios

Aunque en el Nuevo Testamento existen unas 80 referencias a demonios,[21] en el Antiguo Testamento se mencionan pocas veces (Lv. 17:7; Dt. 32:17; Sal. 106:37).[22] La versión King James de la Biblia no contiene la palabra *demonio*, pero por lo general usa la palabra diablo(s), una traducción de las palabras griegas *daimon* o *daimonion* (Mt. 7:22; 8:31; Mr. 1:34; 3:15; Lc. 4:33, 35; 8:2; Jn. 10:20; 1 Co. 10:20), y otras formas de la raíz de la palabra *daimon* (Mt. 8:16, 28, 33; 12:22; 15:22; Mr. 5:16-18). En menos ocasiones se refieren a los demonios como *espíritus*, y los adjetivos calificativos o el contexto aclara que estos son seres malvados. Las siguientes referencias son tomadas de la versión Biblia de las Américas.

1. "Espíritus" *(pneumata)*. Le trajeron muchos endemoniados; y expulsó a los **espíritus** con su palabra, y sanó a todos los que estaban enfermos (Mt. 8:16).

2. "Espíritus inmundos" (*akatharton*). ...les dio poder sobre los **espíritus inmundos,** para expulsarlos... (Mt. 10:1). *Akatharton* es traducido dos veces como *espíritu inmundo* en la versión King James (Mr. 9:25; Ap. 18:2).

3. "Espíritus malos" (*poneron*). *Curó a muchos de enfermedades y aflicciones, y* ***malos espíritus****,...* (Lc. 7:21). Mateo 12:45 habla de: *...otros siete espíritus* ***más depravados*** *[ponerotera* o "más malos"] *que él...*

4. "Espíritu sordo (*alalon*) y mudo (*kophon*)". Reprendió al espíritu inmundo, diciéndole: ... ***Espíritu mudo y***

sordo, *yo te ordeno: Sal de él, y no vuelvas a entrar en él* (Mr. 9:25).

5. "Espíritu de enfermedad" (*astheneias*). En la Versión King James, se lee: *...y había allí una mujer que llevaba 18 años con un* ***espíritu de enfermedad*** (Lc. 13:11). La Biblia de las Américas traduce: ...*"y había allí una mujer que durante dieciocho años había tenido* ***una enfermedad causada por un espíritu"...***
6. "Espíritu de adivinación" (*puthona*). *"nos salió al encuentro una muchacha esclava que tenía* ***espíritu de adivinación,*** *la cual daba grandes ganancias a sus amos, adivinando"* (Hch. 16:16).
7. "Espíritus engañadores" (*planos*). *Pero el Espíritu dice claramente que en los últimos tiempos algunos apostatarán de la fe, prestando atención a* ***espíritus engañadores*** *y a doctrinas de demonios...* (1 Ti. 4:1). La versión King James presenta el término *planos* como "seductores".

La depravación de los demonios está ampliamente demostrada por sus características de maldad ("inmundos", "malos", etc.), y por lo que le hacen a sus víctimas (Lc. 9:38-42). Aunque todos son depravados, algunos revelan un mayor grado de maldad ("más depravados" en Mateo 12:45).

Personalidad de los Demonios

La Biblia enseña claramente la existencia de seres espirituales personales e invisibles, llamados demonios. Los cristianos no deben tener dificultad en aceptar la realidad de lo demoníaco, si aceptan la autoridad de las Escrituras. Sin embargo, muchos teólogos contemporáneos ya no se adhieren a una Biblia infalible e inerrante, razón por la cual no es sorprendente que rechacen las enseñanzas de la Biblia en cuanto a los demonios, diciendo que es el pensamiento poco instruido de la época de Jesús, cuando supuestamente todas las disfunciones emocionales eran interpretadas como posesión demoníaca. Otros sostienen que Jesús sencillamente adaptó sus enseñanzas a las supersticiones de la gente, o que los demonios son únicamente un reflejo de la pecaminosidad innata de la gente. En *The Secular City* (La Ciudad Secular), Harvey Cox especula que "la presencia de sentimientos represados y proyectados, probablemente explica los demonios del período del Nuevo Testamento".[23]

Si aceptamos el relato bíblico como preciso y verdadero, tenemos que reconocer que los demonios son seres personales que poseen intelecto, emoción (sensibilidad) y voluntad. Algunos teólogos prefieren describir la personalidad en términos de "timidez, autodeterminación y responsabilidad moral".[24] Puesto que pasajes tales como Mr. 5:1-13, y Stg. 2:19 demuestran estos atributos, somos justificados cuando concluimos que los demonios deben tener personalidades. Unger señala: "Que los demonios son personas, es evidente, por sus acciones inteligentes y voluntarias. Ellos piensan, hablan y actúan (Hch. 19:15, 16) a través de un médium espiritista, o por medio de una persona sobre la que han adquirido control".[25]

Origen e Identificación de los Demonios

La Biblia no explica explícitamente la naturaleza u origen de los demonios, aunque abundan diferentes teorías, incluyendo las siguientes: (1) Los demonios son una explicación que revela ignorancia acerca de la enfermedad; (2) los demonios son espíritus de hombres malos, desencarnados; (3) los demonios son los espíritus desencarnados de una raza preadámica; (4) los demonios son los espíritus desencarnados de los "gigantes", o "Nephilim", de Génesis 6:4 (Unger ve estas afirmaciones como "teorías incorrectas", e "identificación no escritural")[26]; (5) los demonios son ángeles caídos, tanto limitados como no limitados. Esta última explicación es aceptada por los más conservadores estudiosos de la Biblia, como una de las que cuenta con mejor apoyo en la enseñanza bíblica. Unger explica esta posición:

En la rebelión original de Satanás, parece que él arrastró consigo una gran multitud de seres celestiales inferiores (ver Mt. 25:41; Ap. 12:4) ...Aquellos que son libres están en los lugares celestes bajo su líder el príncipe Satanás, a quien, de entre los espíritus caídos "se le menciona de una forma particular en las Escrituras". El es denominado: *...Beelzebú, príncipe de los demonios* (Mt. 12:24). *...Diablo y sus ángeles* (Mt. 25:41), y *...el dragón y sus ángeles* (Ap. 12:7). Estos espíritus malvados, no limitados bajo el reino y dominio de Satanás, quienes son sus emisarios y súbditos (Mt. 12:26), y tan numerosos como para manifestar su poder de una forma prácticamente omnipresente, parecen ser idénticos *con* los demonios. *Si* los ángeles de Satanás y los demonios *no* son idénticos, entonces ningún *otro* origen de los demonios es revelado explícitamente en ninguna parte de las Escrituras.[27]

Algunos estudiosos de la Biblia diferencian los ángeles caídos de los demonios, como otras criaturas espirituales creadas que siguieron a Satanás en la rebelión.[28]

Actividades Demoníacas

¿Qué revela la Biblia en cuanto a las actividades de los demonios? El resumen de Charles R. Smith es útil.

1. A veces promueven la idolatría (Hch. 16:16; 1 Co. 10:20; Ap. 9:20).
2. Como Satanás no es omnipresente son necesarios para que él pueda extender su poder (Ef. 6:11, 12).
3. Pueden causar las enfermedades mentales (Lc. 9:39; Mr. 5:15).
4. Pueden originar enfermedades físicas (Mt. 9:32, 33).
5. A veces son responsables por la propagación de falsa doctrina (1 Ti. 4:1; 1 R. 22:22; Ap. 16:13; 1 Jn. 4:1-3).

6. Pueden ser usados por Dios para llevar a cabo sus propósitos (1 R. 22:22; 2 Co. 12:7; 1 S. 16:14).
7. Aveces seducen a los humanos a actividades inmorales (1 Ti. 4:1-3).
8. Tienen poder para obrar "milagros" (señales), con el fin engañar a los hombres (Ap. 13:12-15; 16:14).
9. Aveces tratan de instigar celos, división y orgullo entre los creyentes (Stg. 3:13-16).
10. Pueden impartir fuerza sobrehumana (Mr. 5:4).
11. A veces actúan como "adivinadores" y profetas. La joven que estaba poseída por un "espíritu de adivinación" proporciona un claro ejemplo de esto en el Nuevo Testamento... (Hch. 16:16). Muchos de los "espíritus familiares" del Antiguo Testamento pueden haber sido tales demonios.
12. Ejercen su poder e influencia en los gobiernos humanos (Dn. 10:13; Ef. 6:12).
13. Pueden entrar en, y controlar a los seres humanos (Mt. 12:45).[29]

Esta última actividad de entrar y controlar a las personas nos lleva a examinar brevemente la posesión demoníaca en la Biblia.

Posesión Demoníaca

Unger observa:

> Probablemente ninguna fase de la demonología bíblica ha suscitado más especulación, o llevado a más duda y escepticismo que la relacionada con el extraño fenómeno de la posesión demoníaca. La incredulidad y la crítica racionalista han luchado impetuosamente con este desconcertante tema, que es a la vez inexplicable e inmanejable para la incredulidad. Al mismo tiempo, todo el asunto es presentado con más agudeza debido a la notable prominencia que ocupa en las

Escrituras, especialmente durante la vida y ministerio de nuestro Señor.[30]

El escepticismo y la renuencia de la mayoría de personas a aceptar la realidad de los demonios, o de la posesión demoníaca, está ilustrada vívidamente en el personaje Padre Damien Karras, en *The Exorcist* (El Exorcista) de Blatty. Aunque la niña Regan ya manifestaba la mayoría de los síntomas de posesión *extrema*, y Karras mismo reconoció "*el síndrome de posesión demoníaca*", pudo racionalizar los síntomas, y concluir: "'¿Entonces cuál es la respuesta? ¿Posesión genuina? ¿Un demonio?' El baja la mirada y sacude la cabeza. 'De ninguna manera. De ninguna manera'".[31] La renuencia de Karras es típica de la reacción pública general a la posesión demoníaca.

A continuación cito en su totalidad la clara definición de posesión demoníaca expuesta por Unger.

> La posesión demoníaca es una condición en la que uno o más espíritus malos, o demonios, ocupan el cuerpo de un ser humano, y pueden tomar control de su víctima a voluntad. Al empañar temporalmente su conciencia, pueden hablar y actuar a través de ella como su completo esclavo e instrumento. El demonio (o demonios) intruso(s) viene y va como el propietario de una casa, que puede estar o no, "en ella". Cuando el demonio está "en casa" puede precipitar un ataque, durante el cual la víctima pasa de su estado normal, en el que actúa como otras personas, al estado anormal de la posesión.
>
> La condición de la persona afligida durante el estado de "posesión" varía enormemente. A veces está marcada por la depresión y una profunda melancolía, otras por vacuidad y estupidez que se asemejan a la idiotez. A veces la víctima está extática, o en extremo malévola y violentamente feroz. Durante la transición del estado normal al anormal, la víctima es con frecuencia arrojada a un paroxismo violento, a menu-

do cayendo inconsciente, y espumajeando con síntomas parecidos a la epilepsia o la histeria.

Los intervalos entre ataques pueden fluctuar mucho, desde una hora o menos, hasta varios meses. Entre los ataques el sujeto puede estar saludable y parecer normal en todo sentido. Las etapas anormales o demonizadas pueden durar unos cuantos minutos, o varios días. A veces los ataques son suaves, a veces violentos. Si son frecuentes y violentos, la salud del sujeto sufre.[32]

¿Cuáles son los síntomas de la posesión demoníaca? El caso extremo del hombre endemoniado de Gadara (Gerasa) en los sinópticos (Mt. 8:28-34; Mr. 5:1-20; Lc. 8:26-39)[33] claramente presenta muchos aspectos de la invasión demoníaca de la personalidad. Este es el caso más espectacular de posesión en la Biblia. El siguiente es el contenido de Marcos 5:1-20:

Vinieron al otro lado del mar, a la región de los gadarenos. Y cuando salió él de la barca, enseguida vino a su encuentro, de los sepulcros, un hombre con un espíritu inmundo, que tenía su morada en los sepulcros, y nadie podía atarle, ni aun con cadenas. Porque muchas veces había sido atado con grillos y cadenas, mas las cadenas habían sido hechas pedazos por él, y desmenuzados los grillos; y nadie le podía dominar. Y siempre, de día y de noche, andaba dando voces en los montes y en los sepulcros, e hiriéndose con piedras. Cuando vio, pues, a Jesús de lejos, corrió, y se arrodilló ante él. Y clamando a gran voz, dijo: ¿Qué tienes conmigo, Jesús, Hijo del Dios Altísimo? Te conjuro por Dios que no me atormentes. Porque le decía: Sal de este hombre, espíritu inmundo. Y le preguntó: ¿Cómo te llamas? Y respondió diciendo: Legión me llamo; porque somos muchos. Y le rogaba mucho que no los enviase fuera de aquella región.

Estaba allí cerca del monte un gran hato de cerdos paciendo. Y le rogaron todos los demonios, diciendo: Envíanos a los cerdos para que entremos en ellos. Y luego Jesús les dio permiso. Y saliendo aquellos espíritus inmundos, entraron en los cerdos, los cuales eran como dos mil; y el hato se precipitó en el mar por un despeñadero, y en el mar se ahogaron. Y los que apacentaban los cerdos huyeron, y dieron aviso en la ciudad y en los campos. Y salieron a ver qué era aquello que había sucedido. Vienen a Jesús, y ven al que había sido atormentado del demonio, y que había tenido la legión, sentado, vestido y en su juicio cabal; y tuvieron miedo. Y les contaron los que lo habían visto, cómo le había acontecido al que había tenido el demonio, y lo de los cerdos. Y comenzaron a rogarle que se fuera de sus contornos. Al entrar él en la barca, el que había estado endemoniado le rogaba que le dejase estar con él. Mas Jesús no se lo permitió, sino que le dijo: Vete a tu casa, a los tuyos, y cuéntales cuán grandes cosas el Señor ha hecho contigo, y cómo ha tenido misericordia de ti. Y se fue, y comenzó a publicar en Decápolis cuán grandes cosas había hecho Jesús con él; y todos se maravillaban.

Este pasaje, y los relatos paralelos, contienen evidencia de por lo menos 11 síntomas característicos de la posesión demoníaca.[34]

1. *Incapacidad de vivir normalmente.* Los versículos 2, 3 y 5 se refieren al hombre viviendo entre los sepulcros. El área donde ocurrió aquel episodio está minada de cuevas de piedra caliza y bóvedas para los difuntos; un lugar de aislamiento y muerte. Lucas 8:27 afirma que el hombre: *...no vestía ropa, ni moraba en casa, sino en los sepulcros.*

2. *Habitado por otro, u otros seres.* El versículo 2 señala que el hombre tenía *un espíritu inmundo.* Lucas 8:27, dice que estaba *endemoniado.*

3. *Fuerza extraordinaria.* Los versículos 3 y 4 indican que el hombre era extraordinariamente fuerte; no podía ser dominado *ni aun con grillos y cadenas... las cadenas habían sido hechas pedazos por él, y desmenuzados los grillos; y nadie le podía dominar.*

4. *Paroxismo.* Es obvio, a partir de los relatos paralelos, que el hombre experimentaba ataques de violencia e ira. Marcos lo resalta refiriéndose al hecho de que el hombre había hecho pedazos las cadenas y desmenuzado los grillos. Lucas 8:29 dice que el espíritu inmundo *hacía mucho tiempo que se había apoderado de él,* y Mateo 8:28 dice: *...feroces en gran manera.*

5. *Angustia interna y tendencias autodestructivas.* El versículo 5 afirma que el hombre *andaba dando voces en los montes... e hiriéndose con piedras,* lo cual es un reflejo de sus terribles presiones internas. Algunos casos de posesión van acompañados de fuertes tendencias suicidas.

6. *Opresión e insomnio.* En el versículo 5, dice que el hombre estaba activo *de día y de noche,* y Lucas 8:29 dice que *era impelido por el demonio a los desiertos.*

7. *Conflicto visible dentro de la personalidad.* Los psiquiatras verían esto como la manifestación de una personalidad separada, o desintegración de la personalidad. Este conflicto aparece en los versículos 6 y 7, cuando el hombre primero *corrió, y se arrodilló ante Jesús (le adoró KJ), y luego el demonio se manifestó, exclamando: ¿Qué tienes conmigo, Jesús...?* Aquella era una expresión judía reconocida, que significaba: "¿Qué tenemos en común?"

8. *Reacción u oposición a Cristo (o lo relacionado con El).* La oposición de los demonios a Cristo se encuentra tanto en las palabras del versículo 7, del punto anterior, como también en la frase: *...¡no me atormentes!* Tal resistencia es una característica común de quienes están poseídos por demonios.

9. *Poderes clarividentes.* El hombre endemoniado identificó a Jesús sin ninguna presentación previa (v. 7). La posesión demoníaca puede proporcionar información que supera el conocimiento de la persona que está poseída.

10. *Hablando con voces diferentes.* Una característica común de la posesión demoníaca, y un cambio de voz, que sucede en el versículo 9. *Y respondió diciendo: 'Legión me llamo; porque somos muchos'.* El nombre "Legión" no debe tomarse literalmente para referirse a una legión romana de 6.000, sino a un gran número indefinido de demonios.[35]
11. *Transferencia oculta.* En el versículo 13, los demonios fueron trasladados a los cerdos: *...saliendo aquellos espíritus inmundos, entraron en los cerdos...* La persona poseída es liberada cuando los demonios son trasladados a otra entidad; en este caso, a los cerdos. Kurt Koch, sostiene: "El traslado nunca sucede con los enfermos mentales, sino sólo con los obsesionados o poseídos".[36]

Lo que diferencia la liberación de una posesión demoníaca, con la sanidad de una enfermedad mental, es la restauración repentina. En este caso, después de que sucedió el traslado, el hombre estuvo bien inmediatamente; *sentado* (en contraste con la actividad incansable y el paroxismo), *vestido* (en vez de desnudo) y *en su juicio cabal* (no demente). Los comentarios de J. Stafford Wright son pertinentes:

> La tendencia de hoy es considerar todo los fenómenos como de origen psicológico. Aún así, Jesús creyó en ella (la posesión demoníaca), y la diferenció de las enfermedades normales que eran curadas por la imposición de manos o la unción, y la posesión demoníaca que era curada por una orden (ejemplo, Mt. 10:8; Mr. 6:13; Lc. 13:32). Cualquier psicólogo practicante que pudiera curar "un complejo extensivo de fenómenos compulsivos", como se ha denominado a tal posesión, por medio de una orden, pronto sería rico, y mermaría las listas de espera que son una pesadilla de la psiquiatría.[37]

Koch fue un destacado consejero y autoridad sobre lo demoníaco, quien enfrentó varias experiencias directas con posesión. El desarrolló cuatro criterios básicos para identificar la posesión.[38]

1. "El fenómeno de resistencia". La persona poseída desarrolla resistencia, ira y violencia hacia el cristiano que ora en su presencia. Puede maldecir, blasfemar, y amenazar con golpear al consejero. "Incluso comenzar a escupir una Biblia, romperla, o arrojarla al otro lado del cuarto".

2. "Una persona poseída puede fácilmente caer en estado de trance durante un momento de oración". En este caso Satanás trata de cortar la ayuda espiritual de la persona que necesita la liberación. El pastor Ernest B. Rockstad narró sus experiencias con posesión durante la consejería. La persona puede quedar inconsciente después de la lectura bíblica, o durante la oración, antes de que comience la consejería real. Rockstad inmediatamente le exige al demonio que deje a la víctima, y luego intenta la expulsión.[39]

3. "Con frecuencia los poseídos manifiestan capacidades clarividentes". Rockstad sostiene que algunos endemoniados que él ha enfrentado demuestran clarividencia, y que incluso revelan los pecados secretos del consejero, o la identidad de quienes llaman por teléfono. Después de la liberación, esas personas ya no poseen tal capacidad.[40]

4. "Finalmente, a veces los poseídos, en un estado de trance, hablan en un idioma, o idiomas, del(los) cual(es) no tenían conocimiento previo". Koch cree que este es uno de los argumentos más fuertes contra la teoría de que los poseídos son sencillamente enfermos mentales.[41]

A pesar de la incredulidad, negación y agnosticismo actuales, la existencia de lo demoníaco sigue siendo una realidad. La posesión está confirmada por las experiencias de varios psiquiatras, misioneros y otros obreros cristianos, y competentes estudiantes de demonología. Lo que es aún más importante, Cristo mismo y la Biblia enseñan la realidad de los demonios, y de la posesión demoníaca. Sin duda, la posesión demoníaca no tiene importancia para la mayoría de casos modernos de comportamiento severamente anormal, o enfermedad mental, pero a la luz del anterior testimonio y de la evidencia bíblica, un diagnóstico de posesión no puede ser inmediatamente descartado.

Notas

1. Si desea obtener un breve análisis de esta posición refiérase al libro de Kent Philpott: *A Manual Of Demonology and the Occult* (*Manual de Demonología y lo oculto*) (Grand Rapids: Zondervan, 1973), 18-19, y Kurt Koch's *Christian Counseling and Occultism* (*Consejería Cristiana y Ocultismo*) (Grand Rapids: Kregel, 1965), 183-185. T. K. Oesterreich's *Possesion: Demonical and Other Among Primitive Races, in Antiquity, the Middle Ages and Modern Times* (*La Posesión de T. K. Oesterreich: Demoníaca y otra entre las Razas primitivas, en la Antigüedad, las edades medias y los Tiempos Modernos*) (New Hyde Park, N. Y.: University Books, 1966) es un libro clásico sobre el tema de la posesión; al que le da una interpretación psicológica. El Dr. Kurt Koch usa el material Oesterreich para apoyar su tesis bíblica, en *Christian Counseling and Occultism* (Consejería Cristiana y Ocultismo), 208-217. Véase también,: W.H. Trethowan: "Exorcism: A Psychiatric Viewpoint", (Exorcismo: Una Perspectiva Psiquiátrica) *Journal of Medical Ethics* 2 (1976), 127-137; Graeme Taylor: "Demonical Possesion and Psychoanalytic Theory" (Posesión Demoníaca y Teoría Psicoanalítica), *British Journal of Medical Psychology* 51 (1978), 53-60.
2. Walter A. Elwell: Ed., *Baker Encyclopedia of the Bible*, (*Enciclopedia Baker de la Biblia*) (Grand Rapids: Baker, 1988), 611.
3. L. Nelson Bell: "Demons" (Demonios), *Christianity Today* (*Cristianismo Hoy*), (8 de diciembre de 1972), 26.
4. Ray B. Buker: "Are Demons Real Today?" (¿Son reales Los Demonios Hoy? *Christian Life* (*Vida Cristiana*) (marzo de 1968), 42.
5. Ibid., 43, 48, 52.
6. Por primera vez fue impresa en 1894, y luego en 1968 bajo el título *Demon Possesion* (*Posesión Demoníaca*).
7. John L. Nevius: *Demon Possession* (Posesión Demoníaca), 8° Ed. (Grand Rapids: Kregel, 1968), 242.
8. Ibid., V.

9. Merrill F. Unger: *Demons in the World Today* (Demonios en el Mundo Hoy) (Wheaton, Ill.: Tyndale, 1971), 7-13. Véase los argumentos completos en estas páginas, también *Biblical Demonology* (Demonología Bíblica de Unger), 9ª Ed. (Wheaton, Ill.: Scripture Press, 1952), 35-40.

10. Millard J. Erickson: *Christian Theology* (Teología Cristiana) (Grand Rapids: Baker, 1985), 450.

11. Kurt Koch: *Occult Bondage and Deliverance* (Esclavitud Oculta y Liberación) (Grand Rapids: Kregel, 1970), 133-190.

12. Ibid., 134-135.

13. Koch: *Christian Counseling* (Consejería Cristiana), 278.

14. Kurt Koch: "Demonology Past and Present" (Demonología Pasado y Presente) Conferencia Inaugural en la Universidad Cristiana de Teología de Suazilandia, 6-7.

15. El siguiente resumen viene del libro de M. Scott Peck: *People of the Lie* (*Gente de la Mentira*) (New York: Simon and Schuster, 1983), 182-183.

16. Ibid., 195-196.

17. Ibid., 183-184.

18. Malachi Martin: *Hostage to the Devil* (*Rehén del Demonio*) (New York: Bantam, 1976), 385-488.

19. Ibid., 485.

20. Daily News (Woodland Hills, Calif.), 14 de diciembre de 1985.

21. Para tratamientos completos vea los escritos de Unger, *Biblical Demonology* (Demonología Bíblica) y *Demons in the World Today* (Demonios en el Mundo actual); y el de Walter A. Elwell Ed., *Topical Analysis of the Bible* (Análisis Temático de la Biblia) (Grand Rapids: Baker, 1991), 287-294.

22. Louis Matthew Sweet: "Demon", *The International Standard Bible Encyclopedia* (*La Enciclopedia Bíblica Internacional Estándar,* 2 volúmenes, Grand Rapids: Eerdmans, 1939), 2:829. Para un análisis del significado de "demonio" en la Septuaginta, véase Unger, *Biblical Demonology* (*Demonología Bíblica*), 58-61.

23. Citado en el libro de Russell T. Hitt: "Demons Today" (Los Demonios Hoy), *Eternity,* (mayo de 1969): 10.

24. Charles R. Smith, "The New Testament Doctrine of Demons" (La Doctrina del Nuevo Testamento en Cuanto a los Demonios), *Grace Journal* (Spring 1969), 28.

25. Unger: *Demons* (*Demonios*), 23.

26. Ibid., 13; Unger: *Biblical Demonology* (*Demonología Bíblica*), 41. Para obtener un buen análisis de las teorías rechazadas véanse ambos libros. También ver C. Fred Dickason, *Angeles Elect and Evil* (*Angeles Elegidos y el Mal*) (Chicago: Moody, 1975), 155-160.

27. Unger: *Biblical Demonology* (*Demonología Bíblica*), 52. Véanse las páginas 52-55, para más información sobre esta perspectiva.

28. Hobart E. Freeman: *Angels of Light?* (*¿Angeles de Luz?*) (Plainfield, N. J.: Logos, 1969), 73. El libro de Smith: "New Testament Doctrine" (Doctrina del Nuevo Testamento), responde a la posición de Hobart, 34-35.

29. Ibid., 36-37.

30. Unger: *Biblical Demonology* (*Demonología Bíblica*), 77.

31. William P. Blatty: *The Exorcist* (*El Exorcista*) (New York: Bantam, 1971), 263, 266.

32. Unger: *Demons* (*Demonios*), 102.

33. Para un análisis de las variaciones entre los relatos de Mateo, Marcos y Lucas, véase La *Enciclopedia de Dificultades* de la Biblia, de Gleason L. Archer (Grand Rapids: Zondervan, 1982), 324-325.

34. Kurt Kock analiza: "Eight Marks of Demon Possesion" (Ocho Marcas de la Posesión Demoníaca), en *Demonology Past and Present* (*Demonología Pasado y Presente*) (Grand Rapids: Kregel, 1973), 136-141.

    No tenemos garantía de que las relativamente breves descripciones de sintomatología, producida por la actividad demoníaca, encontradas en las Escrituras, deban ser consideradas ejemplos normativos de posesión a través del tiempo y las culturas. Todos esos relatos narrativos de endemoniados encontrados en los evangelios y el libro de los Hechos, son descripciones precisas de actividad demoníaca en esa época, no descripciones normativas de actividad demoníaca que puede ser usada para las siguientes generaciones. Hermenéuticamente es más correcto aceptar las descripciones sintomáticas bíblicas como criterios sugestivos para diagnosis, y no como criterio normativo (Henry A. y Mary B. Virkler, "Demonic Involvement in Human Life and Illness" (Involucramiento Demoníaco en la Vida Humana y Enfermedad) *Journal of Psychology and Theology* 5, Spring 1977, 100).

35. "Legion" *Baker Encyclopedia of the Bible* (*Enciclopedia Baker de la Biblia*), 2 volúmenes (Grand Rapids: Baker, 1988), 2:1322-1323.

36. Koch: *Occult Bondage* (*Esclavitud Oculta*), 59.

37. J. Stafford Wright: *Christianity and the Occult* (*Cristianismo y Lo Oculto*) (Chicago: Moody, 1971), 129.

38. Koch: *Occult Bondage* (*Esclavitud Oculta*), 64-65.

39. Ibid., 65. Ernest B. Rockstad, entrevista con el autor, 24 de junio de 1973.

40. Ibid., 66. Ernest B. Rockstad, entrevista con el autor, 24 de junio de 1973.

41. Koch: *Occult Bondage* (*Esclavitud Oculta*), 66.

11

Conclusiones

¿Es la tabla Ouija simplemente un juguete o un juego? Para la mayoría del público en general, la Ouija es otra diversión para los niños de ocho años en adelante, muy parecida al Monopolio o Riesgo. Pero nuestro profundo examen de la tabla ha explorado su potencial como un juego muy peligroso, especialmente para niños y adolescentes. Hasta las personas entregadas a actividades espiritistas advierten de las desastrosas consecuencias que pueden sobrevenir, y lo insospechado cuando *juegan* con esta formidable herramienta de lo oculto.

Por qué la Gente Usa la Tabla Ouija

Si la tabla Ouija no se usa sencillamente como un juguete, ¿por qué la gente la utiliza? Por una multitud de razones: Para ponerse en contacto con amigos o parientes fallecidos, las inteligencias vivientes, o no humanas; para desarrollar poder psíquico; para hallar cosas perdidas; para predecir eventos futuros; y para buscar orientación.[1] Estos objetivos no son orientados a la diversión, sino que están fuertemente correlacionados con prácticas ocultas. De hecho, el argumento de este libro sostiene que la tabla Ouija es una herramienta ocultista que puede llevar al atrapamiento y la posesión.

Nuestro estudio de la historia de ciertos instrumentos ocultistas, ancestros de la tabla Ouija moderna, muestra que eran usados para propósitos de adivinación, así como la tabla moderna hoy. La gente que ingenuamente aborda la Ouija como un juego, es ignorante, o ha sido engañada con respecto a sus posibles consecuencias. Los usuarios que se han metido con ella sin los efectos dañinos obvios, no fueron nunca usuarios serios, o nunca obtuvieron resultados. Algunos participantes creen que la tabla les proporciona información útil, quizá en cuanto al futuro. Desafortunadamente, tal comunicación por lo regular incluye un punto de vista del mundo que está diametralmente opuesto al cristianismo. Un ejemplo así se encuentra en la entrevista de Stoker Hunt con Ruth-Ann Campbell, quien se apartó de su trayectoria cristiana, y aceptó los espíritus guías y la reencarnación.[2] Cuando Stoker Hunt le preguntó al espíritu guía de Campbell, Thomas: "¿Cuál es la mejor forma de prepararse para la muerte?" recibió como respuesta: "La mejor forma de prepararse para la muerte es estudiar y aceptar el conocimiento de la reencarnación".[3] Otros participantes experimentan trauma psicológico o las manifestaciones más serias de la presencia e invasión demoníaca.

Las siguientes fuentes adicionales también proporcionan pruebas mayores de que la tabla Ouija es un instrumento de lo oculto.

1. El escéptico sobre lo oculto, Owen Rachleff concluye:

   Considerada como un juego por muchos, la tabla Ouija es, sin embargo, un objeto tradicional de veneración entre los ocultistas. Desde el surgimiento del espiritismo en el siglo XIX, este método simplista de adivinación ha pasado por varios ciclos de popularidad.[4]

2. Litany Burns, "médium profesional, clarividente y sanadora", y "maestra acreditada de concientización psíquica en el sistema escolar público del Estado de Nueva York", incluye un capítulo completo sobre la tabla Ouija en su libro sobre desarrollo de habilidades psíquicas. Su introducción dice: "La *tabla Ouija* no es

un juguete; es un instrumento para la actividad de médium. Las *tablas Ouija* han sido usadas durante siglos en las culturas orientales para comunicarse con *los espíritus* y para adivinar información".[5] Más tarde afirma: "Si usted apenas comienza a usar su habilidad de *médium*, la *tabla Ouija* es una buena herramienta de aprendizaje. Esta le permitirá lograr un sentido más fuerte de su propio proceso como *médium*, y de la presencia de su *espíritu* y *guías*".[6]

3. En su litigio con la IRS, (Income Revenue Service) la compañía Baltimore Talking Board, "argumentó que la tabla es un medio de comunicación entre este mundo y el otro, y por lo tanto en ningún sentido constituye un juego".[7] El abogado Fisher argumentó: "Nosotros sostenemos ...que esta es una forma de actividad para los médium principiantes, y no un juego o deporte. Mediante esta tabla uno se puede poner en contacto con el otro mundo".[8]
4. Uno de los propios folletos de Parker Brothers admite que la compañía no sabe cómo se debe considerar la tabla Ouija.

   Francamente, Parker Brothers no sabe. Ellos *son una industria líder en la manufactura de juegos, pero dudan si la OUIJA, tabla que habla, debe realmente ser considerada como un juego* (énfasis del autor). Ellos *sí* saben que muchos se divierten grandemente con ella, y que quienes disfrutan usándola están con frecuencia interesados en lo oculto.[9]

Una Perspectiva Bíblica de la Ouija y Otros Instrumentos Ocultistas

Ahora que, históricamente, y en la actualidad, hemos identificado la Ouija como un instrumento ligado con lo oculto, el espiritismo y la adivinación, examinaremos la perspectiva bíblica sobre por qué no está bien usar la tabla o instrumentos similares de ocultismo.

1. El Antiguo Testamento contiene numerosas referencias a varias clases de adivinación y prácticas ocultistas todas ellas condenadas. Las prácticas catalogadas como prohibidas en el Antiguo Testamento nunca son descritas en gran detalle. Aparentemente, los judíos entendían las diferentes implicaciones de las restricciones. No se hacía diferencia entre un "ocultismo legítimo y uno ilegítimo. Todo estaba bajo inflexible prohibición, e involucrarse en esto era, en todos los casos, considerado según Jehová como una apostasía flagrante, y un crimen castigable mediante las penas más severas".[10]

Algunos de los principales pasajes bíblicos citados abajo hacen referencia especial a intentos por parte de los vivos, de ponerse en contacto con el reino espiritual, o en la interpretación contemporánea, otras inteligencias (énfasis del autor).

> *No os volváis a los* ***encantadores*** *ni a los* ***adivinos****; no los consultéis, contaminándoos con ellos. Yo Jehová vuestro Dios (Lv. 19:31).*
>
> *Y la persona que atendiere a* ***encantadores*** *o* ***adivinos****, para prostituirse tras de ellos, yo pondré mi rostro contra la tal persona, y la cortaré de entre su pueblo (Lv. 20:6).*
>
> *Y el hombre o la mujer que* ***evocare espíritus*** *de muertos o se entregare a la adivinación, ha de morir; serán apedreados; su sangre será sobre ellos (Lv. 20:27).*
>
> *... Y Saúl había arrojado de la tierra a los* ***encantadores*** *y* ***adivinos*** *(1 S. 28:3).*
>
> *Entonces Saúl dijo a sus criados: "Buscadme una mujer que tenga* ***espíritu de adivinación,*** *para que yo vaya a ella y por medio de ella pregunte. Y sus criados le respondieron: He aquí hay una mujer en Endor que tiene* ***espíritu de adivinación****" (1 S. 28:7)*

El resultado de recurrir a los médium y a prácticas ocultistas está reportado en los siguientes versículos (énfasis del autor).

Así murió Saúl por su rebelión con que prevaricó contra Jehová, contra la palabra de Jehová, la cual no guardó, y porque consultó a una ***adivina****, y no consultó a Jehová; por esta causa lo mató... (1 Cr. 10:13-14).*

Y (Manasés)... fue agorero, e instituyó ***encantadores y adivinos****, multiplicando así el hacer lo malo ante los ojos de Jehová, para provocarlo a ira (2 R. 21:6; pasaje paralelo, 2 Cr. 33:6).*

Asimismo barrió Josías a los ***encantadores, adivinos*** *y terafines, y todas las abominaciones que se veían en la tierra... (2 R. 23:24).*

Y si os dijeren: Preguntad a los ***encantadores*** *y a los* ***adivinos****, que susurran hablando, responded: ¿No consultará el pueblo a su Dios? ¿Consultará a los muertos por los vivos? ¡A la ley y al testimonio!... (Is. 8:19-20).*

Deuteronomio 18:10-12, resume y condena las prácticas pecaminosas de los vecinos de Israel (Las palabras claves son enfatizadas por el autor):

No sea hallado en ti quien ...practique ***adivinación****, ni* ***agorero****, ni* ***sortílego****, ni* ***hechicero****, ni* ***encantador****, ni* ***adivino****, ni* ***mago****, ni quien consulte a los muertos [necromancia -VKJ]. Porque es abominación para con Jehová cualquiera que hace estas cosas, y por estas abominaciones Jehová tu Dios echa estas naciones de delante de ti.*

La condenación para "quien consulte a los muertos" está incluida, cualquiera sea el nombre que se le dé a esa práctica. Los términos en estos pasajes, y otros que tienen que ver con lo oculto, son con frecuencia analizados por los estudiosos bíblicos. La naturaleza exacta de algunas prácticas y las diferencias entre ellas no siempre son claras. Como J. Stafford Wright declara: "Cualquiera que pueda ser la contribución precisa de un pasaje, no deja lugar a duda que el Antiguo Testamento prohíbe todo intento de ponerse en contacto con los muertos" personalmente o a través de un médium.[11] "Esto obviamente incluye intento de actividades de médium 'hágalo-usted-mismo' con un vaso, o una tabla Ouija".[12]

¿Qué razón bíblica hay detrás de la prohibición divina contra estas prácticas? Al examinar los pasajes que prohíben lo oculto y el contacto con espíritus, los autores Mark Albrecht y Brooks Alexander, proporcionan dos razones:

> Primera: Tales prácticas ocultas fueron reservadas para encarnar energías espirituales negativas. Eran, en una palabra, espiritualmente "impuras", y el involucramiento con ellas fue comparado frecuentemente con el adulterio...
>
> Segunda: La participación en prácticas psíquicas u ocultas nos desvía de la fe en Dios, y por lo tanto arruina solapadamente el medio de nuestra salvación. Se trata de una espiritualidad substituta que satisface nuestro anhelo vehemente de gnosis experimental (conocimiento), reafirmando la mentira satánica de que nuestras fuentes espirituales inherentes son suficientes para la salvación (por ejemplo, que somos Dios, Génesis 3:4-7).[13]

2. En ninguna parte del Nuevo Testamento se indica que la prohibición del Antiguo sobre tales prácticas fuera levantada.[14] Cuando Pablo y sus acompañantes se vieron confrontados por una "muchacha que tenía espíritu de adivinación" en Filipos, no consideraron su capacidad como privilegio. Por supuesto, Pablo procedió a exorcizar al espíritu: ...*Te mando en el nombre de Jesucristo, que salgas de ella. Y salió en aquella misma hora* (Hch. 16:16-18). En Efeso, cuando Dios hizo muchos milagros a través de Pablo, incluyendo sanidad y exorcismo, tanto los judíos como los griegos llegaron a

Cristo, y abiertamente quemaron sus documentos acerca del ocultismo (Hch. 19:11-19).[15]

3. La seria asociación con lo oculto puede llevar a la apostasía, es decir, a la separación del cristianismo bíblico. El Rev. Stainton Moses y Edgar Cayce ilustran este principio. Después de leer numerosos mensajes de la Ouija sobre asuntos espirituales, no me sorprende que la gente que los cree se vuelva apóstata. Estos mensajes son correctamente identificados en las Escrituras como "doctrinas de demonios" (1 Ti. 4:1). Cuando los mensajes de la tabla Ouija, escritura automática, y contacto con los espíritus son aceptados como verdaderos, reemplazan la autoridad bíblica.

4. A partir de su vasta experiencia en consejería, Kurt Koch concluye que cuando un cristiano se involucra en prácticas ocultas "su vida espiritual se puede ver afectada seriamente. Para los no cristianos con frecuencia hay una dificultad real cuando consideran las afirmaciones de Cristo, y que deben aceptarlo como Salvador".[16] En muchos casos los participantes rechazan enérgicamente el Evangelio. John Kerr habló con mucha gente que se encontraba "sumamente segura de estar construyendo una fe personal a través del laberinto de lo oculto. Quieren una experiencia religiosa que las creencias establecidas no pueden o no ofrecerán".[17]

5. Las comunicaciones de la tabla Ouija frecuentemente resultan ser mentiras y engaño. En realidad, sus operadores pueden ser engañados en por lo menos tres formas: (1) Si los mensajes provienen únicamente del subconsciente, el operador es engañado al pensar que su fuente es otra. (2) Desde una perspectiva cristiana, si los mensajes no se originan en el subconsciente, su fuente es demoníaca. (3) El mensaje mismo puede ser engañoso, diseñado para embaucar al usuario de la tabla. El novelista inglés G. K. Chesterton recuerda cómo jugaba con la tabla cuando era joven. Aunque no podía explicar todo lo que sucedía, de una cosa estaba

seguro: "En las palabras escritas para nosotros, no había nada aparentemente degradante, sino cualquier cantidad de engaño... Lo único que diré con plena seguridad en cuanto a ese poder místico e invisible, es que dice mentiras".[18] De acuerdo con las Escrituras, la mentira y el engaño están en el corazón mismo de la obra de Satanás en el mundo (Jn. 8:44; 2 Co. 11:13-15; 1 Ti. 4:1; Ap. 12:9).

6. Aunque la explicación moderna para la actividad y la posesión demoníaca, tanto ahora como en la Biblia, es psicológica, la realidad de lo demoníaco exige un estudio serio.[19] El Dr. R. Kenneth McAll, especialista en psiquiatría, afirma que el cuatro por ciento de todos sus pacientes requieren exorcismo, y hasta sugiere que se le debe preguntar a los pacientes si alguna vez han estado involucrados en el ocultismo. "Esto puede abarcar jugar con una tabla Ouija, los horóscopos, y meterse con el espiritismo hasta practicar la brujería".[20]

   Con el surgimiento del ocultismo, la aceptación conservadora de Satanás y los demonios parece estar confirmada... El espiritismo se ha convertido en una práctica "religiosa" ampliamente reconocida por medio de la cual las personas buscan contacto con las fuerzas espirituales en un esfuerzo por ganar ayuda o información para su propio uso personal. Fenómenos psíquicos tales como levitación, telequinesis, escritura automática, y materializaciones, están asociados con espiritismo. Estas actividades parecen aumentar en intensidad en proporción con la apertura de la persona a la influencia espiritual. Parece haber un paralelo entre las características de aquellos que practican el espiritismo y los citados en las Escrituras como estando "poseídos".[21]

La habilidad de Jesús para ejercer autoridad sobre los demonios es una señal escatológica de la llegada de su reino (Mt. 12:24-29; Mr. 3:23-27; Lc. 11:18-20). Mediante el poder de su palabra, Jesús echó fuera demonios (Mt. 4:24; 8:16) o les permitió irse (Mt. 8:32; cfr. Mr. 5:13).

Cristo dio esta misma autoridad a sus 12 discípulos (Mr. 3:15; Lc. 9:1) a los 70 (Lc. 10:1-18), y más tarde a todos los creyentes (Mr. 16:17).

En nuestro análisis de posesión, hemos observado que algunos casos exigen varias sesiones de exorcismo por un período extenso de tiempo. En otros, el demonio sale inmediatamente. Algunos nunca son perturbados por síntomas adicionales, mientras que otros parecen tener ataques periódicos con posesión. ¿Cuál es la diferencia?

Las Escrituras proporcionan varios principios que determinan qué tan efectivo puede ser cualquier exorcismo. (1) La autoridad de la persona (preferiblemente equipo) que ejecuta el exorcismo tiene que venir de Cristo. Jesús nunca tuvo ningún problema echando fuera demonios, pero sus discípulos sí. Según Marcos 9 no pudieron echar fuera el demonio de un joven. Cuando Jesús regresó, el padre le pidió que sanara al chico "si podía". Jesús le recordó: ... *al que cree todo le es posible* (v. 23). Y el padre del muchacho respondió en fe: ... *Creo; ayuda mi incredulidad* (v. 24). Después de que Jesús sanó al muchacho los discípulos quisieron saber por qué ellos no habían podido echar fuera al demonio. Jesús contestó: *Este género con nada puede salir, sino con oración y ayuno* (v. 29). En el relato paralelo de Mateo 17, Jesús da otra razón por la cual los discípulos no tuvieron éxito en este caso; tenían muy poca fe. Podríamos concluir que la gente involucrada en un ministerio de liberación, tiene que estar andando con el Señor, fortalecida con su poder, guiada por su Espíritu, y en una actitud de fe y oración. (2) Este relato ilustra otro punto: Que hay diferentes "clases" de espíritus, algunos de los cuales son más difíciles de expulsar. Ciertas clases de demonios exigen oración especial (y quizá ayuno) por parte del exorcista. (3) Si la persona endemoniada no se arrepiente verdaderamente, cree en Cristo (como el padre al que se le pidió que creyera por su hijo en Marcos 9), y renuncia a su involucramiento con lo oculto (u otros pecados como los de Efesios 4:26-27), entonces la libertad de la posesión puede ser sólo temporal.

Los demonios pueden regresar, y el postrer estado de la persona puede ser mucho peor que el primero:

> Cuando el espíritu inmundo sale del hombre, anda por lugares secos, buscando reposo; y no hallándolo, dice: Volveré a mi casa de donde salí. Y cuando llega, la halla barrida y adornada. Entonces va, y toma otros siete espíritus peores que él; y entrados, moran allí; y el postrer estado de aquel hombre viene a ser peor que el primero (Lc. 11:24-26).

7. ¿Y en cuanto al uso de la tabla Ouija para desarrollar los poderes de PES? Esta también puede ser una práctica peligrosa. "El cultivo deliberado de PES ...fácilmente puede llevarlo a uno al reino de lo *oculto*".[22] Jane Roberts comenzó experimentando con la tabla Ouija en conexión con la escritura de su libro *How to Develop Your ESP Power* (Cómo Desarrollar su Poder de PES). No mucho después pudo comunicarse directamente con su contacto "Seth". Los ademanes de Roberts, sus expresiones faciales y su voz, cambiaban cuando "Seth" hablaba a través de ella. También es significativo el hecho de que recibí material de Parker Brothers el cual sugería obtener el libro de Roberts.[23]

Cuando se usa con seriedad, la tabla Ouija representa un camino engañoso a la verdad espiritual. Ya hemos ilustrado ampliamente sus peligros latentes para el usuario. Cualquier persona que no está involucrada con instrumentos tales como la tabla Ouija debe, definitivamente, mantenerse libre de tales objetos por su bienestar tanto mental como espiritual. La única experiencia sobrenatural que Dios pide que la gente busque es a El (Sal. 105:3-4; Is. 8:19-20).

Liberándose de las Prácticas Ocultistas

Si usted actualmente se encuentra atrapado por las prácticas ocultistas, y su mejor intención es abandonar ese enredo perjudicial, ¿cómo puede hacerlo? Aunque no existe un patrón universal, aquí aparecen algunos pasos específicos para lograr la liberación:

1. Confiese (o, para el cristiano, afirme) su fe en Cristo como Salvador. Este paso es esencial, porque sólo el poder de Cristo es suficiente para la liberación plena (Hch. 4:12; 1 Jn. 3:8; 4:4; 5:18). Si ha estado regularmente involucrado en actividad ocultista, su fe en la habilidad de Cristo para curar y limpiarlo puede estar bastante disminuida. Es posible que requiera buscar a otros cristianos para que oren con y por usted para ser liberado.
2. Confiese específicamente cada práctica ocultista como un pecado contra Dios. Las prácticas ocultistas pueden haber abierto la puerta a otras incursiones satánicas en su vida, o, en primer lugar, ciertos pecados pueden haberlo llevado a usar los instrumentos ocultistas. Algunos pecados a los cuales debe dirigirse particular y específicamente pueden incluir: (1) Ira y falta de perdón (Ef. 4:26-27); (2) lujuria, inmoralidad sexual, o perversión (1 Co. 5:5; 6:9-10); (3) odio y violencia (Lc. 9:54-56; Jn. 8:44); (4) envidia, celos, y ambición egoísta (Stg. 3:16); (5) idolatría (1 Co. 10:20; Col. 3:5); y (6) blasfemia (1 Ti. 1:20). Esta confesión puede hacerse en privado o ante cristianos maduros y comprensivos que tengan alguna experiencia en el manejo de lo oculto.[24] Un apoyo extendido, en oración, de los cristianos, y la consejería cristiana competente también pueden ser necesarios para ciertas dimensiones espirituales y psicológicas.[25]
3. Renuncie a las antiguas actividades y asociaciones (personas tales como médium), y deshágase de los materiales e instrumentos ocultistas. Reclame cualquier terreno cedido a Satanás, y niéguele cualquiera otra propiedad o derecho de influencia. Los principios de confesión y renuncia están ilustrados por la experiencia en Efeso registrada en Hechos 19:18-19.
4. Persista en su andar cristiano. Para experimentar la plena victoria de redención a través de Cristo, una

persona debe prestar atención a las instrucciones bíblicas que dicen: *Vestíos de toda la armadura de Dios...* y *...estad firmes contra las asechanzas del diablo* (Ef. 6:11; Stg. 4:7). Haga parte de una iglesia local donde se predique y enseñe claramente la Biblia, y únase a un grupo pequeño de estudio en donde pueda tener comunión regular con otros creyentes y ser parte de un grupo de oración.

Notas

1. Stoker Hunt: *Ouija: The Most Dangerous Game* (Ouija: El Juego más Peligroso) (New York: Barnes and Noble, 1985), 9.
2. Ibid., 51-53.
3. Ibid., 60. Otras ilustraciones de tales creencias no cristianas son presentadas en el material Seth de Jane Roberts, los mensajes de Michael, los escritos de Ruth Montgomery, y las conclusiones de Gina Covina en *The Ouija Book* (*El Libro de la Ouija*).
4. Owen S. Rachleff: *The Occult Conceit* (*Concepto de lo Oculto*) (Chicago: Cowles, 1971), 196.
5. Litany Burnes, *Develop Your Psychic Abilities* (*Desarrolle sus Habilidades Psíquicas*) (New York: Pocket Books, 1985), 185.
6. Ibid., 193.
7. Baltimore Sun, 4 de marzo de 1921, edición vespertina.
8. Baltimore Sun. 10 de febrero de 1922, edición vespertina.
9. The *Weird and Wonderful OUIJA Talking Board Set (OUIJA, el Extraño y Maravilloso Juego de la Tabla que Habla)* (Salem, Mass.: Parker Brothers, n. d.) folleto.
10. Merrill F. Unger: *Biblical Demonology* (*Demonología Bíblica*) (Wheaton, Ill.: Scripture Press, 1952), 144. Véase Unger para un estudio de demonología, adivinación y necromancia.
11. J. Stafford Wright: *Christianity and the Occult (Cristianismo y lo Oculto)* (Chicago: Moody, 1971), 112.
12. Ibid., 114.
13. Mark Albrecht y Brooks Alexander: "Biblical Discernment and Psychology" (Discernimiento Bíblico y Psicología), *SCP Journal 4* (Winter 1980-1981): 19

14. Wright, *Christianity (Cristianismo)*, 112; Os Guinness: *Encircling Eyes* (*Ojos Envolventes*) (Downers Grove, Ill.: InterVarsity, 1974), 47-48.

15. Véase la exposición de: "Magic" (Magia), en el Nuevo Testamento en *The New International Dictionary of New Testament Theology (El Nuevo Diccionario Internacional de Teología del Nuevo Testamento)* (Grand Rapids: Zondervan, 1976), 2: 552-562.

16. Kurt Koch: *Between Christ and Satan* (*Entre Cristo y Satanás*) (Grand Rapids: Kregel, 1968), 124; *Occult Bondage and Deliverance* (*Esclavitud Ocultista y Liberación*) (Grand Rapids: Kregel, 1970), 33-35.

17. John S. Kerr: *The Mystery and Magic of the Occult* (*El Misterio y la Magia de lo Oculto*) (Philadelphia: Fortress, 1971), 11.

18. Gilbert K. Chesterton: *The Autobiography of G. K. Chesterton* (*La Autobiografía de G. K. Chesterton*) (New York: Sheed and Ward, 1936), 77.

19. Véase Unger: *Biblical Demonology* (*Demonología Bíblica*).

20. R. Kenneth McAll, "The Ministry of Deliverance" (El Ministerio de Liberación) *The Expository Times* (Julio de 1975): 296.

21. S. E. McClelland: "Demons, Demon Possesion" (Demonios, Posesión Demoníaca), en *Evangelical Dictionary of Theology*, Ed. Walter A. Elwell (Grand Rapids: Baker, 1984), 307

22. J. Stafford Wright, "Sorting Out the Supernatural" (Clasificando lo Sobrenatural), *His* (Marzo de 1975); 4.

23. *The Weird and Wonderful OUIJA Talking Board Set (Ouija, el Extraño y Maravilloso Juego de la Tabla que Habla).*

24. Jack Deere, "Demonic Inroads" (Incursiones Demoníacas), de *Healing 92 Workshop*, VMI Inc.

25. Para quienes necesiten información adicional o consejería, recomiendo el *The 1993 Directory of Cult Research Organizations (Directorio 1993 de Organizaciones de Investigación Ocultista)*, disponible en el American Religions Center, P. O. Box 168, Trenton, MI 48183 (teléfono: 313-425-7788). El directorio es actualizado periódicamente y allí aparecen organizaciones de los Estados Unidos y el extranjero. Unos cien ministerios evangélicos se enfocan en lo oculto, y más o menos la mitad proporciona consejería. Varios de estos ministerios que tratan con lo oculto son presentados a continuación:

Answers in Action
Robert and Gretchen Passantino
P. O. Box 2067
Costa Mesa, CA 92628
(714) 646-9042

Christian Apologetics: Research & Information Service (CARIS)
Jim Valentine, Director; Jack Roper, investigador
P. O. Box 1659
Milwaukee, WI 53201
(414) 771-7379

Christian Research Institute (CRI)
P. O. Box 500
San Juan Capistrano, CA 92623
(714) 855-4428

De Gloria Outreach
Tom Poulson, secretario general
7 London Road
Bromley, Kent BR1 1BY
United Kingdom
(01) 464-9500

Occult Research & Crime Consultants (ORCC)
Greg Reid
P. O. Box 370006
El Paso, TX 79936
(915) 595-3569

Spiritual Counterfeits Project (SCP)
P. O. Box 4308
Berkeley, CA 94704
(510) 540-0300

Material Seleccionado para Lecturas Complementarias

Albrecht, Mark. *Reincarnation: A Christian Critique of a New Age Doctrine* (*Reencarnación: Una Crítica Cristiana de una Doctrina de la Nueva Era*). Downers Grove, Ill.: InterVarsity, 1982. (Título Original: *Reincarnation: A Christian Appraisal* (*Reencarnación: Una Valoración Cristiana*).

Anderson, Peter. *Satan's Snare: The Influence of the Occult* (*La Trampa de Satanás: La Influencia de lo Oculto*). Welwyn, England: Evangelical Press, 1988.

Ankerberg, John and John Weldon. *Facts on Spirit Guides* (*Realidades sobre Espíritus Guías*) Eugene, Ore.: Harvest House, 1988.

Arnold, Clinton E. *Powers of Darkness: Principalities and Powers in Paul's Letters* (*Poderes de la Oscuridad: Principados y Potestades en las Cartas de Pablo*). Downers Grove, Ill.: IntervVarsity, 1992.

Crouse, Bill. *A Primer on Occult Philosophy* (*Cartilla sobre Filosofía Oculta*). Dallas: Probe, 1983. *Doorways to Danger* (*Puertas al Peligro*). London: Evangelical Alliance, 1987.

Ernest, Victor H. *I Talked with Spirits* (*Yo Hablé con Espíritus*). Wheaton, Ill.: Tyndale, 1970.

"Expanding Horizons: Psychical Research and Parapsychology" (Expandiendo Horizontes: Investigación

Psíquica y Parasicología), *SCP Journal* 4 (Invierno de 1980-1981).

Gudel, Joseph P., Robert M. Bowman, Jr., y Dan R. Schlesinger: "Reincarnation -Did the Church Suppress it?" (Reencarnación -¿La Iglesia la Suprimió?) *Christian Research Journal* 10 (Verano de 1987): 8-12.

Guiness, Os. *Encircling Eyes: The Current Resurgence of the Occult* (*Ojos Envolventes: La Reaparición Actual de lo Oculto*). Downers Grove, Ill.: InterVarsity, 1974.

Gruss, Edmond C. *The Ouija Board: Doorway to the Occult* (*La Tabla Ouija: Puerta a lo Oculto*) Chicago: Moody, 1975.

Hunt, Dave. *The Cult Explosion* (*Explosión de Culto*). Irvine, Calif.: Harvest House, 1980.

Ice, Thomas, y Robert Dean, Jr., *A Holy Rebellion* (*Una Rebelión Santa*). Eugene, Ore.: Harvest House, 1990.

Koch, Kurt. *Demonology Past and Present* (*Demonología Pasado y Presente*). Grand Rapids: Kregel, 1973.

———. *Occult Bondage and Deliverance* (Esclavitud Ocultista y Liberación). Grand Rapids: Kregel, 1979.

McDowell, Josh, y Don Stewart. *The Occult: The Authority of the Believer over the Powers of Darkness* (*Lo Oculto: La Autoridad del Creyente sobre los Poderes de la Oscuridad*). San Bernardino, Calif.: Here's Life, 1992.

Miller, Elliot. *A Crash Course on the New Age Movement* (Curso Intensivo sobre el Movimiento de la Nueva Era) Grand Rapids: Baker, 1989. Capítulos 8 y 9: "Channeling: Spiritistic Revelations for the New Age" (Canalización: Revelaciones Espiritistas para la Nueva Era). También publicado en *Christian Research Journal* 10 (Otoño 1987): 8-15, 10 (Winter/Spring 1988): 16-22.

Montgomery, John W., Ed. *Demon Possession* (Posesión Demoníaca). Minneapolis: Bethany, 1976.

Parker, Russ. *Battling the Occult* (*Batallando lo Oculto*). Downers Grove, Ill.: InterVarsity, 1990.

Rawlings, Maurice. *Life Wish -Reincarnation: Reality or Hoax?* (*Reencarnación: ¿Realidad o Engaño?*) Nashville: Nelson, 1981.

Sall, Millard J. "Demon Possession or Psychopathology?: A Clinical Differentiation" (Posesión Demoníaca o Psicopatología? : Una Diferenciación Clínica). *Journal of Psychology and Theology* 4 (Otoño 1976): 286-290.

Unger, Merrill F. *Biblical Demonology* (Demonología Bíblica). Wheaton, Ill.: Scripture Press, 1952.

Virkler, Henry A., y Mary B. Virkler. "Demonic Involvement in Human Life and Illness" (Involucramiento Demoníaco en la Vida Humana y la Enfermedad) *Journal of Psychology and Theology* 5 (Primavera de 1977): 95-102.

Weldon, John. "Dowsing Gift, Human Ability or Occult Power? (¿Don Apagado, Capacidad Humana o Poder Oculto?) *Christian Research Journal* 14 (Primavera 1992): 8-13, 34.

Weldon, John, y Clifford Wilson. *Occult Shock and Psychic Forces* (*Choque Oculto y Fuerzas Psíquicas*). San Diego: Master Books, 1980.